財政再建から市民協働のまちへ

サラリーマン市長が語る地方自治の実像

古賀道雄

海鳥社

序　なぜ、サラリーマンから政治家になったか

私は大牟田市長を三期一二年（平成一五年～二七年）務めあげ、平成二七年一二月に退任しました。その前の市議会議員三期一二年を通算すると二四年間、地方自治に携わったことになります。

この間、大牟田市は基幹産業で、百有余年にわたってまちの発展を牽引してきた三井三池炭鉱の閉山という非常事態に直面するとともに、「第二の夕張市」になるのではないかと喧伝される財政破綻の危機に陥りました。

市民各層に痛みを伴う財政再建の取り組みをはじめ、企業や大学誘致などの地域活性化及び次世代を見据えた社会基盤整備、世界文化遺産の取り組み及び市民との協働によるまちづくりなど、この二四年間、私は市民の負託に応えるべく、大牟田市の再生・再興のために、精魂込めて働いてきました。

また、住みよいまちづくり形成という、目的を同じくする市長会の皆さんをはじめ、国・県の議員や官僚の皆さん、市議会の議員、自治体職員、職員組合の幹部及び多くの市民の皆

さんとの建設的な意見交換や心温まる交流は、何事にも代えがたい貴重な人生経験となりました。

本書を発刊する目的は二つです。一つは、三池炭鉱の閉山後、どん底に陥った大牟田市勢を、多くの市民と力を合わせて再生・再興させた過程を記録として残すことです。二つ目は、私が体験した「地方自治の実像」を語ることで、これから地方政治や公務員をめざす若い人たちに知ってもらうガイダンス（入門書）にすることです。そのために、地方自治を構成するステークホルダー（自治体、市長、選挙、議会、職員、職員団体及び市民）に関する事項を各章ごとにまとめて記述するとともに、極力、平易な文章になるよう心掛けました。

私はもともと大手企業三井金属鉱業（株）のサラリーマンでした。それがなぜ政治家に転身し、市長までやれたのか、それは当時の大牟田市が三井グループの企業城下町で、かつ特異な時代状況だったことに関係があります。

当時（平成元年頃）、炭都といわれた大牟田市では、わが国最大の三井三池炭鉱のなだらかな閉山を想定した「最後の石炭対策」（国策）が公表され、明らかに市勢に陰りが見え始めていた時期でした。

さらに、大牟田市は戦後最大の「三池争議」が勃発した土地柄で、政争が激しく、市議会の構成も保守と革新が伯仲し、お互いにしのぎを削り、対立構図の難しい議会運営が行われていました。保守系市長を擁護する与党勢力は自民党と三井グループ各社が推薦する会派（「三交クラブ」など）でした。

私の直属上司で、当時常務の宮村氏（後に社長・会長を歴任）は、私に三池事業所勤務の辞令を交付したあと、「大牟田市長から『相談相手となる若い議員が欲しい』との要請があるので、君を次の市議会議員選挙（平成三年四月施行）での会社推薦候補とする。その腹積もりでいてもらいたい」といった話がありました。私は、会社の現地所長業務と議員の両立は相容れないと考え、三池に着任してから、社員の中から、即戦力となる地元の有力な人材を議員候補にしてもいいのではないか、と軽く受け流していました。

しかし、私が当たった複数の有力な人材から固辞され、他方、会社は、宮村常務はじめ複数の先輩部長が本社から私を説得に来るなど、真剣に対応するようになりました。

このように、私の政治家への転身のきっかけは会社からの「業務命令」でしたが、かつて炭都としてわが世の春を謳歌していた大牟田市が、時代の変化に取り残され、長期停滞に沈みかかっているという、荒波の中に飛び込むことになるとは、当時は思ってもいませんでした。

平成七年の『大牟田市第三次総合計画策定基礎調査報告書』（九州経済調査協会編）は、当時の大牟田市の状況を次のように表現しています。

「二〇世紀の大牟田を人の一生に例えるならば、まさに大スターの『波乱万丈の人生』そのものであった。大牟田は石炭産業を核に、急速に都市の発展を遂げたが、二〇世紀の折り返し地点を過ぎて以降、石炭から石油へのエネルギー革命の下でその栄光にも影が射すようになり、昭和三五年（一九六〇年）を頂点にスター街道から転げ落ちることとなったのである。現在の大牟田は、依然として斜陽の道を下がり続けているようにも見える」

私は、大牟田市議会議員（以下、議員という）として、三井三池炭鉱の閉山（平成九年三月）という歴史的な場面に、市議会石炭対策委員長の立場で遭遇することになります。

なお、サラリーマンから政治家への転身のきっかけは「業務命令」でしたが、市長職へは「自ら手を挙げて」の挑戦でした。本論で述べるように、当初は無所属新人の泡沫候補扱いを受けるほどの苦難のスタートを余儀なくされました。

※本文のなかで（＊）印がついた語句については、巻末に「用語解説」欄を設けていますので参照してください。

平成二八年七月

古賀道雄

目次

第一章　自治体を経営体として考える

一、地方創生と人口問題

(一) 人口減少の抑制が最大の課題

企業経営の三要素が「ヒト」「モノ」「カネ」といわれるように、我が国の人口成熟問題は、国と地方にとって基本的な問題です。

総務省が平成二八年二月二六日に発表した国勢調査の速報値で、我が国の人口は一億二七一一万人となり、図1のとおり、大正九年の調査開始以来、初めての減少となりました。いよいよ国全体で人口減少時代に突入するとともに、高齢化が加速していることが示されました。さらに、地域別の人口の割合を見ると、全人口の約二五%が首都圏に集中していて、首都圏への人口集中、地方の過疎化、核家族化が進んでいることが示されました。人口減少問題は、国力（安全保障・経済・雇用・社会保障など）に関することであり、一義的には国策

■図１　人口及び人口増減率の推移（大正９年～平成27年）

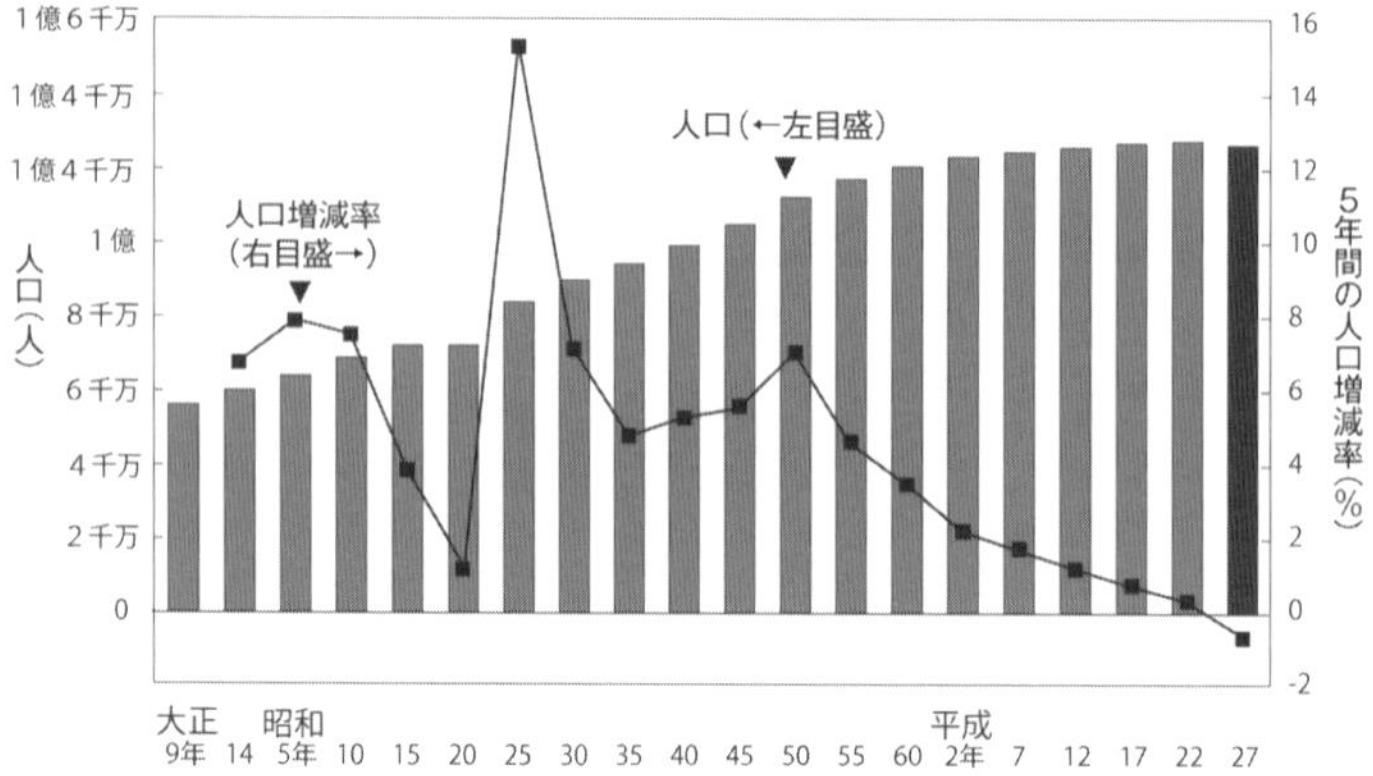

出典：平成27年国勢調査結果（総務省統計局）

によって解決すべき構造的な問題です。解決のためには新しい発想に基づく抜本的な対策が必要です。

しかし、地域再生を担う、多くの自治体にとっても、真剣に「人口減少の抑制」に取り組む必要があります。なぜなら、特に生産年齢人口（一五歳～六四歳）の減少は地域経済の規模を次第に縮小させていくからです。地域経済の縮小は、市税収入の減少や雇用労働力などの減退につながり、ひいては市民サービスに広範に影響が出てくることにつながります。

今回（平成二七年）の国勢調査によると、大牟田市を含む地方都市で、特に問題なのは、多くの市町村（八二・四%）が人口減少に歯止めがかかっていないこと、他方、人口が増加した市町村の多くが大都市およびその周辺市町村ということです。このことは、一昨年五月に日本創成会議が人口急減の原因として警鐘を発した、「地方から大都市への若者流出」が継続している証左でもあります。

（二）大牟田市の人口減少問題の背景と特徴

日本創成会議は、人口減少の原因として出生率の低下と東京一極集中を挙げています。確かに合計特殊出生率が一・四程度の低レベルで推移した場合には全国的に人口減少は避けられないと考えられます。

しかし、人口減少の真の要因は地方都市によってマチマチです。たとえば、立地企業の倒産や工場閉鎖など産業構造の変化、過疎化の進展、または大震災の影響などがあげられます。今回の調査でも、「人口減少数の多い市町村に、北九州市、長崎市、下関市、呉市、日立市、門真市など、かつて産業都市として栄えた都市」が入っています。

大牟田市の場合も、合計特殊出生率は一・六（平成二五年）で全国平均（一・四三）より高いのですが、三井三池炭鉱の閉山などの影響により、十分な雇用機会がないことや大学進学などで若者の流出が多く、人口減少が止まらない状況です。

大牟田市の人口減少は今に始まったのではなく、図2のとおり、ピークの昭和三四年に二〇万八八八七人から漸次減少し、今回（平成二七年）の国勢調査で一一万七四一三人と、九万一四七四人（四四％）の減少となっています。高齢化率は三三・四％で、全国の一〇年先をいっている超高齢社会となっています。

大牟田市は、図3のとおり、明治二十年代以来、三井三池炭鉱の発展とともに人口が急増し全国に先駆けて都市化を成し遂げましたが、国のエネルギー政策転換により、石炭産業の

■図２　大牟田市の人口・世帯数の推移

本市人口は、昭和34年のピーク時に比べ、平成22年国勢調査（123,638人）では約６割まで減少している

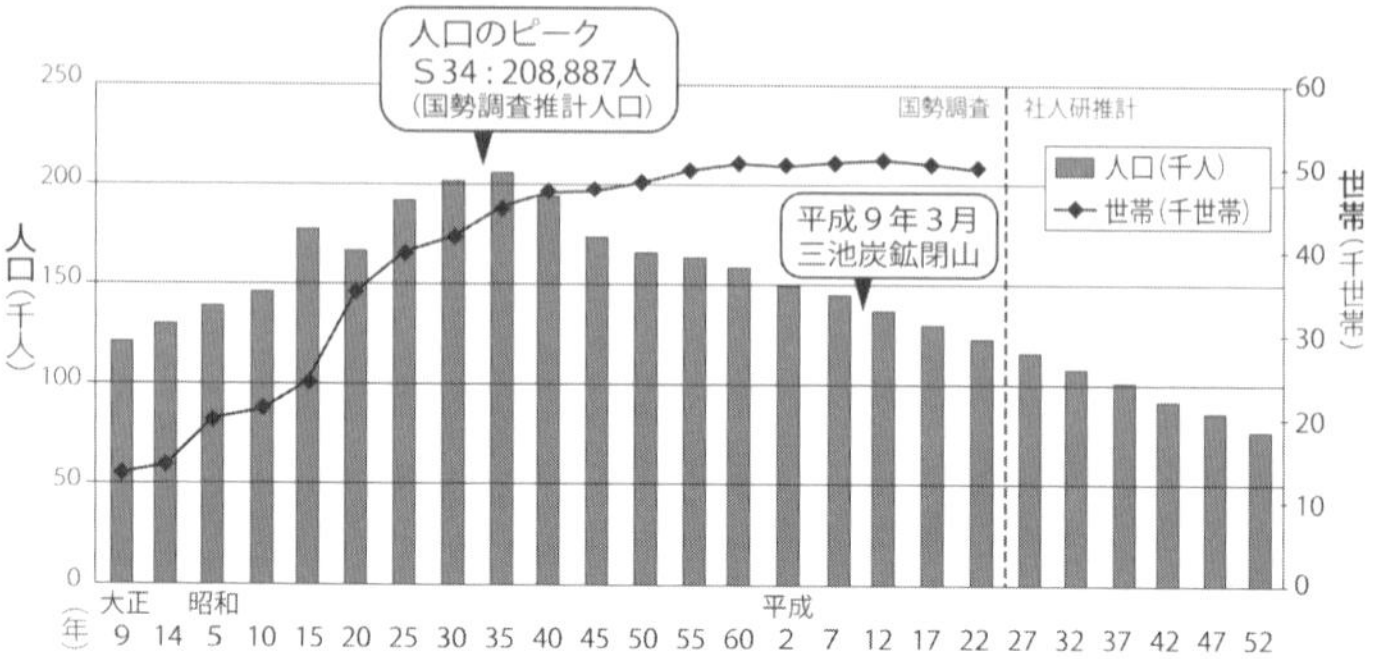

出典：国勢調査
国立社会保障・人口問題研究所
（H25. 3　将来人口推計）

■図３　石炭で栄えた大牟田

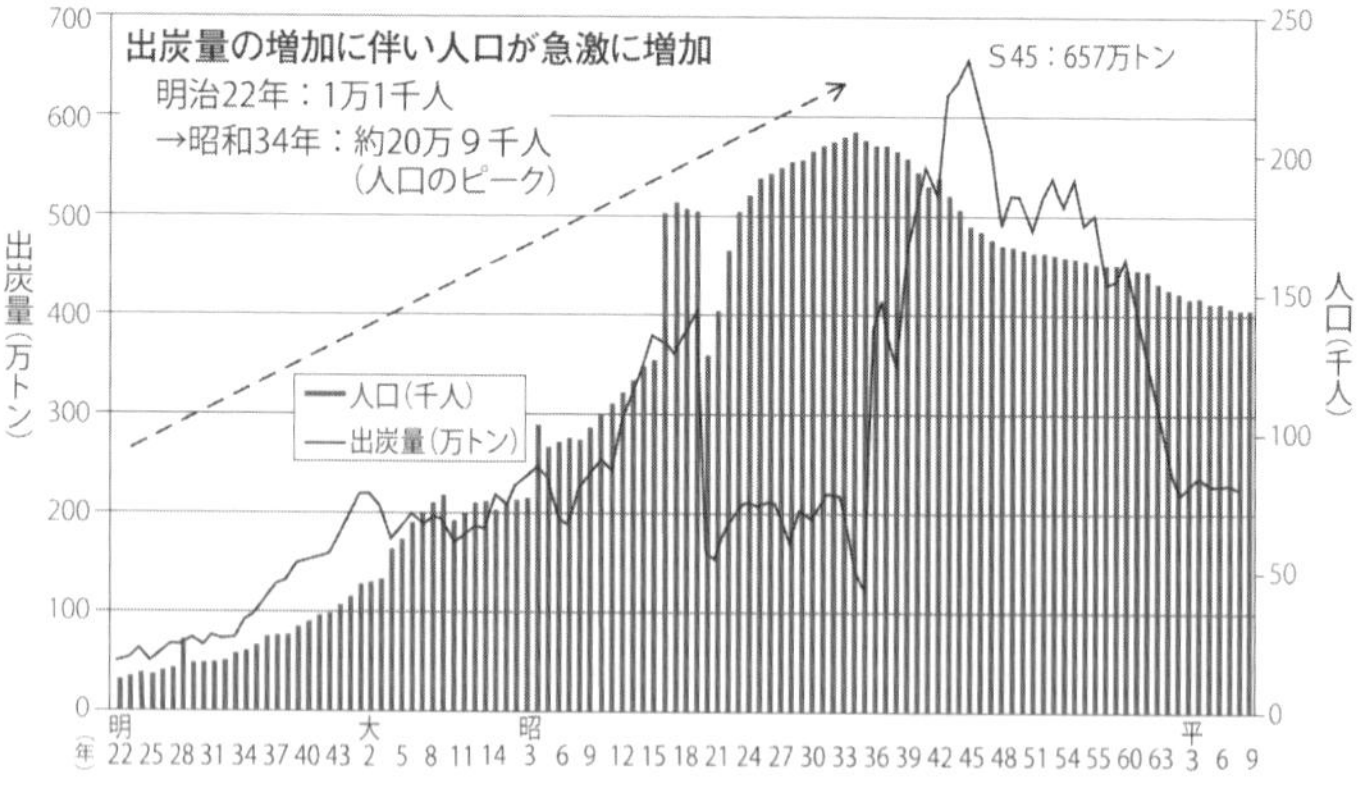

斜陽化そして閉山という劇的な産業構造の変化によって大幅な人口減少と高齢化に見舞われています。大牟田市の慢性的な人口減少の背景は、歴史的に都市としての成熟が先行した後、基幹産業の消滅によってもたらされたものと考えています。

私が市長に就任して初めて策定した総合計画（平成一八年度〜二七年度の期間）における目標人口は一二万人としました。平成一七年の国調人口が一三万人を超えていたので、右肩下がりの目標人口です。しかし、これでも、当時発表された国立社会保障・人口問題研究所の二七年推計値では、一一万五九七二人となっていましたので、目標人口の一二万人は、一〇年間における政策努力（企業誘致や定住対策）を織り込んだ数値でした。過去に策定した総合計画の目標人口はすべて右肩上がりの数値でした。議会の論戦では「消極的すぎる」とか「将来に希望がない」などの批判がありました。しかし、大牟田市の人口趨勢から見れば下降するのは目に見えているのです。

平成二七年の国勢調査で、大牟田市の人口は一一万七四一三人ですので、国立社会保障・人口問題研究所の推計値は超えたものの、目標人口に到達できなかったことは、これまでの政策努力――企業誘致や定住化政策など――が十分だったのかどうか、対策のあり方やそのプロセス含めて検討する必要があると思います。

（三）企業誘致（製造業）の限界

私は、人口減対策として、総合計画に「企業誘致による産業振興」を最優先課題に位置付けました。一〇〇年余にわたって培われた産業（製造業）技術の集積と優秀な労働力及びアジアに近い九州の中心にある地理的な優位性を積極的にＰＲし、産業都市の復権を目指すのが、大牟田市にとって最も有効な政策だと考えたからです。市外から企業を受け入れるためには都市計画の変更など、基本的な立地条件の整備が必要です。その一つが、まとまった土地とすぐに操業開始できる設備（受電、工業用水、排水装置など）が整っていなければなりません。幸いに大牟田市には、閉山対策の一環として国によって造成された六〇ヘクタールに及ぶ工業団地（大牟田テクノパーク）や企業所有の広大な工場適地及び市独自で建設したエコタウンなどの工業団地が揃っています。

総合計画の成果指標として一〇年間二千人の雇用数を目標に掲げました。当時はまだバブル経済崩壊後の景気後退期にあって、大牟田テクノパーク一帯はペンペン草が生えていた状況でしたので、かなり意欲的な目標設定だったと思います。

そこで私は自ら企業誘致部局とともに、トップセールスを行いました。アンケート調査による企業ニーズの把握と積極的な企業訪問や各種支援策を継続的に展開しているうちに少しずつ成果が出始め、平成二〇年までは好調な企業誘致が続き、年一〇〇人程度の新規雇用が生まれていました。

しかし、平成二〇年末のリーマン・ショックによって全国的に設備投資意欲が減退し、大牟田市への企業立地が極端に減るとともに、半導体関連事業を中心に新規に立地した企業の廃止・撤退が行われた結果、一〇〇〇人以上の雇用が失われたのは残念でした。

平成二三年以降にやっと企業立地が復活し、平成二六年度には大牟田テクノパークは完売しました。さらに東日本大震災で被災した大手企業二社が、ＢＣＰ（事業継続計画）の観点から大牟田市に立地したことは、大牟田市が自然災害のない安全な土地柄であることが認められただけでなく、今後の大きな新規雇用が期待されます。しかし、結果として市長在任中の企業誘致による新規雇用数の実績は約千人に止まり、目標の半分に終わりました。

この一〇年間における企業誘致活動を振り返ると、総合計画の人口目標が達成できなかった要因の一つに、化学工業などが多くを占める大牟田市の産業分野においてリーマンショックの影響が大きかったこと挙げられますが、基本的に、現代の製造業はもはや労働集約型ではないということです。なぜなら、国際競争にさらされている国内製造業は、人件費をはじめとする固定費を抑制するために、最初から省力化した工場設備にするとともに、非正規雇用が常態化しています。

このことは、大牟田市の従業員ベースの産業構成比を中分類で見た資料でも、一位が「卸売・小売業」の二一・六％、二位が「医療、福祉」の一八・三％、三位が「製造業」一三・五％となっていることからもうかがえます。

このようなことから、今後の産業振興は製造業にこだわらず、雇用吸収力のある「小売り・サービス」や「医療、福祉」に重点を置いて、定住化の受け皿にしていく必要があると考えています。

(四) 少子化対策・高齢化対策について

一言で、少子・高齢化といわれますが、少子化と高齢化は別問題です。

人口減少問題では少子化対策が重要です。人口とは、国民一人ひとりの「出生から死亡」までの長期にわたる累計であり、人口減少の抑制は一朝一夕に解決する問題ではありませんが、解決のための対策は早ければ早いほどいいということはいえます。

日本創成会議の増田寛也座長が言っているように、「すでに国全体が人口減少局面に突入している現在、仮に今直ちに合計特殊出生率が二・〇七になったとしても、しばらくの間、人口減少は避けられない」のです。国として、遅くとも最低の合計特殊出生率一・二六を記録した平成一七年頃には出生率の向上の必要性について、真剣に国民へ警告を発しておくべきだったと思います。人口減少はすぐには止められませんが、国と地方が緊急にやるべきことは「少子化」と「定住化」対策でしょう。

少子化対策としては、合計特殊出生率一・四三(平成二五年度)をどのようにして向上できるかですが、一つに、まずは若者に子供を産み育てたいと思ってもらえるような環境づくりが急務です。そのためには、子ども医療費の公費負担の拡大や保育所、幼稚園の保育料の負担軽減など、保護者の経済的負担を軽くする措置、さらには小学六年生まで希望する児童がいつでも利用できる学童保育所の施設整備など、総合的な子育て支援策の推進が大変重要となります。

二つ目に、教育費の負担軽減を含む教育の充実です。

国の調査では、理想の子供の数を持てない最大の理由として、子育てや教育に金がかかりすぎることが挙げられています。教育基本法でいう「義務教育」は国の役割ですので、教科書だけでなく、教材費などの無償化にも踏み出すとともに、自治体としても貧困家庭の子供へ種々の教育支援を行って、保護者の経済的負担を少しでも軽減していく必要があります。

教育内容の充実も重要です。大牟田市では特色ある教育として、市内の全小・中・特別支援学校三四校（平成二三年度）がユネスコスクールに加盟してＥＳＤ（持続可能な開発のための教育）推進のために、世界遺産学習、福祉教育、環境学習など郷土の地域資源や特徴を生かした学習と実践を行っています。これらを通じて、豊かな心、確かな学力、健やかな体の「生きる力」の育成を図っています。また、学力が高いことは大切です。少人数学級編制、少人数授業推進をはじめ、子ども大牟田検定事業や学校再編事業などの教育施策の充実を図って、大牟田市が「教育の充実しているまち」として認知してもらえることによって、若い世代の人が定住するようにしたいと考えています。

高齢化対策として、大牟田市は高齢化率三三・四（平成二七年）％と全国の一〇年先をいく超高齢社会ですので、これまで様々な高齢者施策を行ってきました。大牟田モデルとして全国的に有名となった「認知症ＳＯＳネットワーク模擬訓練」（詳細は後述）をはじめ、大牟田市の特徴的な取り組みとして、地域包括支援センターの充実、認知症ケアコミュニティ推進事業、地域密着型サービスの充実、介護予防ケアマネジメント、医療と介護の連携及び居住支援システムなどがあります。さらに、大牟田市は医療・介護施設数が多く、市民一人当たりの施設数（特化係数）では全国平均の約二倍となっています。このような理由があって、日本創成会議から医療・介護体制に余力がある四一圏域に選ばれています。

これまでの蓄積を最大限に生かした取組みとして、現在、地方創生総合戦略の一つとして、大牟田市版ＣＣＲＣ（継続的なケア付きリタイアメントコミュニティ）の検討を進めています。都会の高齢者を大牟田市の医療・介護施設などに受け入れて、定住人口の増加を図る狙いがあります。

二、「官と民」の統合による自治体経営

(一) 官（自治体）と民（企業）の相違点

一般的に、官（自治体）の目的は「市民福祉の向上」であり、民（企業）のそれは利潤追

求と顧客満足度の向上といわれます。組織的には、官は統治機構であって地域を経営するといった視点はなく、他方、民は自由競争市場での営利組織だと言われます。しかし、両者の違いをこのように強調するのは誤解を与える要因になっていると思います。

私は、冒頭に紹介したように、社会人になって「官」と「民」の両組織を経験した人間として感じるのは、両組織は必ずしも相対立する組織でなく、お互いの長所を取り入れて生かしていけば、組織の目標に向かって構成員は活性化していくものと考えます。

私は、市議会議員として最後の代表質問（平成一五年二月定例議会）で、それまでの議会活動を通じて感じた行政及び職員の考え方やスタイルの特徴について、良い点としては、市民のために尽くしたいという公共的精神、公平・公正な仕事の仕方はもっと伸ばすとともに、悪い点、いわば一般社会では通用しないと思われる点として、次の三点を指摘しました。「コスト意識」、「スピード意識」、「サービス感覚」の鈍感さです。これらは今後改めて憚ることはない旨、要請しました。具体的な事例を挙げれば、

まず「コスト意識」に関して、予算編成において長年続いてきた「空《から》財源」という歳入項目にふれておきます。これは石炭産業華やかなりし頃からのやり方というが、歳出予算に対して歳入予算が足りない、いわゆる歳入欠陥金額を「予算操作」という歳入項目に計上して予算編成することです。歳出予算の執行残や歳入の増額によって年度中に縮小していきますが、決算までに解消できなかった金額は翌年度の予算に前年度繰上充用金として計上され、

翌年度予算を圧迫します。

実際、三池炭鉱が稼働していた時代は、種々の産炭地支援策が施され、年度末には「空財源」が解消していたということですが、本来、予算編成は、収入に応じた支出にすべきです。炭鉱が閉山した後はあてのない収入であって、税金を無駄遣いする元凶であるとともに、明らかに負の遺産です。こういう悪習に倣った予算編成はすぐに廃止して、これからは均衡予算方式にすべきです。常に強いコスト意識をもって、同じ行政を行うのに少しでも安価なコストでできるようにしなければなりません。

次に「スピード意識」、時間観念に関して、民では「納期」があります。民の場合、納期が一日でも遅れた場合、どんなに品質やコストが優れていてもクレームとなり、最悪の場合は「お客を失う」という厳しさがあります。官の場合には、ちょっと難しい問題や障害が出たときは安易に先送りとなります。官のお客様は、納税者である市民です。市民へのサービスではもっとスピーディーに対応することはもちろん、取り組むプロジェクトの期限にも、もっと目の色を変えて「納期」を厳守すべきであります。

そして「サービス感覚」。官にはセクショナリズム、縄張り意識があり、それが原因で市民にはサービス精神に欠けている、と映っています。民には、常にリストラ、倒産、賃金カットなどによる生活の辛さがつきまといますが、官には幸い、安定処遇が保障されています。市民から負託を受けているという自覚の下で、市政のあり方や自分の仕事の進め方など、常に市民目線で振り返って改善する必要があります。セクショナリズムを排し、ワンストップで市民サービスを行ってもらいたいものです。

(二)「官の常識、民の非常識」

もっと基本的な問題として、官の中でのものの考え方や仕組み(ルール)に民との相違点があります。私が議員時代に発行していた「古賀みちお市議会報告」の中で連載していた、対称軸「官と民の発想」(平成八年から一〇年)から抜粋して記載します。

(1)予算編成のやり方

民では、売上高(収入)を推定した上で原価を積み上げます。「売上−原価」が赤字になれば、固定費の領域にもコストダウンのメスが入ります。コストダウンには聖域がありません。他方、官では逆に、必要な経費を積み上げて、総経費に見合った収入を計上します。

大牟田市の今回(平成九年)の予算編成では、地域活性化のために積極的な行政展開が必要との観点から、歳出の積み上げから始まりました。「歳入−歳出」が赤字となっても、コストダウンの対象は、経常的経費の六〇%以上を占める義務的経費の人件費や扶助費及び公債費は除かれることになります。コストダウンは期待できず、官の原価は右肩上がりっ放しとなります。結局は赤字予算となり、足りない部分は積立基金の取り崩しや各種公共料金の値上げをはじめ、税収アップを目論むことになり、市民負担が重くのしかかることになります。官の予算編成にも「入るをはかって、出ずるを制する」という家計の考え方が必要ではないかと思います。

(2)意思決定での判断基準

仕事を進めるときの判断基準は、官の場合は公正、公平、公明といった価値観であり、民の場合は効率、経済合理性といわれます。

仕事での時間感覚も、官では全体のコンセンサス（合意形成）に時間をたっぷりかけ、民では環境変化に対応するスピードが勝負であり、即断即決が尊重されます。民から官を見れば、官の世界はゆっくり時間が経過していく中世時代に舞い戻った感すらします。この違いは、企業誘致運動の際に如実に出ることがあります。企業サイドにすれば、工場立地は百年の大計に立った重要プロジェクトですので、最初から経済合理性の追求と企業イメージの向上による売り上げの拡大が立地条件の大きなファクターとなります。各自治体に立地条件を競わせ、最も有利な条件を引き出すことで経済合理性を達成した上で、最終的に選択します。ドライといえばそうですが、企業の論理からいえば、当然の帰結だと思います。今回（平成八年）のサッポロビールの工場誘致は、関係者のご尽力も空しく、残念な結果でしたが、今回の失敗例を十分総括して今後の誘致戦略に生かしていくことが重要です。

(3)「行政は最大のサービス産業」へ

先日、岩國哲人氏（前出雲市長）の講演を聞く機会がありました。氏は世界最大の証券会社メリル・リンチ社の副社長を務めて政治の世界に転身しただけあって、今の政治の閉塞感を突き破るには、これまでの政治や行政のあり方、仕組みを、民の発想で抜本的に変えなければならないという信念の持ち主でした。会場いっぱいの聴衆の共感を誘ったのは「行政は最大のサービス産業だ」という考えです。「小さな市役所で大きなサービス」「土・日曜日の行政サービス・出前サービス」「三通りの期限を決めた陳情への対応」や「市内最優秀の企業を目指せ」など官の中に企業感覚を持ち込む試みは、氏の行政改革への強烈な信念と実行力を感じ、大いに見習う点があります。

(4)行政の中立性と政経分離（民）

「行政の中立性」には、行政の公平性や能率を確保するために行政と政党政治を分離するという原理と、行政部における官僚制は首相・大統領といった政治指導者がいかなる党派であってもこれに忠実に従うという原理があります。政権交代が繰り返されてきた、欧米諸国の政党政治の下で確立された原理です。

首長が交代するたびに、職員採用や任用、公共事業をめぐって低次元の党派的運用がなされたり、官僚制が特定の政権と癒着したり対立したりするようでは、民主政治の下での能率的な行政は期待できないからです。

しかし、行政の機能が肥大化し、複雑化している今日の福祉行政のなかで、政治・行政二分論でいいのか、行政の機能もこれまでと違った形が要求されるようになっています。他方、民には似たような言葉に「政経分離」があります。これは、いかなる政治体制の国でも区別せず、経済分野で交流し取引するという考え方です。しかし、私は民においても単なる損得勘定ではなく、カントリーリスク（国家危機）への目配りや環境（国民意識）の変化への対応など、政治、社会及び文化への関心は絶えず持ち続ける必要があると思います。

(5)公益性と私益性（採算性）

一般的に、官は公益性、民は私益性（採算性）を優先すると言われます。しかし、自治体事務の中で上・下水道、病院事業などは公営企業会計として、独立採算の原則によって経営されるべきとされています。これらの事業については、民と同様、発生主義に基づく企業会計方式が採用されています。したがって、この部署で働く職員は適正な料金を保つために絶えず経営の合理化や採算性について優先して考えなければなりません。

他方、宅配便の先駆者であるヤマト運輸は全国展開というスケールメリットを目指す一方、山奥であろうと離島であろうと人が住んでいれば地域内同一料金で届ける、という公益性を掲げて、今日の地歩を確立しました。

これからのまちづくりは公益性と私益性のバランスをとりながら、無責任経営の代名詞になっている第三セクター型を含めて、事業に合った民間活力の導入が必要になっています。

「民」を活用しようとする「官」の意識改革によって、行政改革は成し遂げられると思います。

(6)規制緩和

昨今、許認可行政による規制の撤廃・緩和が強く主張されるようになり、時代のニーズの変化に対応した行政の新しいあり方が求められています。

許認可とは、公共目的のためにある種の行為を一般的に禁止した上で、行政当局が個別の事例に関してこれを解除し、公的承認を与えることをいいます。ここに利権が発生し、いわゆる族議員の跋扈《ばっこ》と政・官・業の癒着が発生する温床となります。

戦後の我が国は経済復興を第一の公共目的とし、官民協調による産業政策（護送船団方式）の推進によって、世界第二位の経済大国にまで成長できたのは確かです。しかし、「欧米に追いつき、追い越せ」の目的は達成されました。これからは「国際化」すなわち国内市場の本格的な開放が諸外国から求められています。痛みは伴いますが、規制緩和を進める中で、自由な競争を確保するために、行政手続きの透明化などの行政システムの転換が求められています。

(7)規制強化

政府の電力小売り自由化など、規制緩和を通じて民間主導、国民本位の行政を定着させようという姿勢は評価出来るものです。ここではもう一つの視点である規制強化について考えてみたいと思います。地球温暖化などの環境問題は他人事ではなく、めぐりめぐって、必ず生活者として自らに返ってくる普遍的なテーマです。廃棄物問題を根本的に解決しようとするのが循環型社会の目標となっています。

こうした状況を作り出すためには法改正や基準設定など国際基準に則して規制強化していく側面が必要です。たとえば、自動車燃費基準を設定するとか焼却炉から発生するダイオキシンの排出基準を厳しくするなどが考えられます。このような規制の設定によって明確な目標が定まり、それが民間の技術開発に刺激を与えます。循環型社会の構築のためには今こそ新しい産業技術の開発とともに、経済社会システムの大変革が必要で、この目標に向かって官と民の積極的な取り組みが望まれています。

(8)第三セクター経営の功罪

大牟田市で今(平成九年)、集客不振による厳しい経営を続ける第三セクターの(株)ネイブルランドがどうなるか注目されています。公共(第一セクター)と民間(第二セクター)とが共同出資した経営組織体を第三セクターと呼んでいます。公共の持つ計画性と民間の持つ効率性を結合させ、官民それぞれの長所を生かして事業推進を行うものです。

しかし、どのような組織も一〇〇%完璧はありえないのが組織論の常識です。最悪の場合を想定して、短所があらわれた場合を想定しておかねばなりません。

フランスの小噺があります。それは、「高名な哲学者に肉体豊満な女優がプロポーズしました。『あなたの優秀な頭脳と、私の肉体を併せ持った子供ができたら素晴らしいことよ』。

哲学者はポツリ……『あなたの頭脳と私の貧弱な肉体を合わせ持った子供ができたら悲劇です』と断った」そうです。

第三セクターにおいても、お互いの長所を発揮できるように常に気配りすると同時に、短所を補い合う責任経営とリーダーシップの発揮が求められます。

三、経営感覚の欠如――国依存体質に訣別を

元北九州市長の末吉興一氏は、『末吉興一の首長術――前北九州市長が紡いだ都市経営の縦糸横糸』（PHPパブリッシング、平成二二年）の中で、五期二〇年に及ぶ市長時代を振り返って、いかに官における経営感覚が欠けていたかを述べておられます。

「『地方自治体は明治以来の統治機構』という意識が抜けていません。民間企業なら常識であるキャッシュフロー（現金など）、ストック（資産）、バランスシート（貸借対照表）で財政を見ようとせず、予算は残らず使い切ることが最善と信じてきました。施設整備ではイニシャルコスト（建設費）だけを意識し、ランニングコスト（維持費）は軽視していたものです。（略）これらはすべて都市を経営するという視点が欠けているもので、結果として、自治体の疲弊、財政破たんの原因となりました。職員の意識も『倒産がない』『クビがない』という甘えの構造で、新たな知恵や取り組みが生まれる土壌が乏しかったのです」

自らの首長時代の反省と教訓を踏まえ、鋭く指摘しています。末吉興一元市長は、私が大牟田市長になった時（平成一五年）には福岡県市長会の会長を務めておられました。県内の市長二八人の兄貴的存在で、市長会の中で勉強会を主宰、様々な行政課題について指導・助言されるなど、敬愛する先輩市長さんでした。市長退任後は内閣官房参与（地域再生担当）として、全国の市町村長を対象とする地域経営塾を開設し、全国を回って指導された地方自治の第一人者です。平成二一年三月、私にとって思いがけずに「地域経営塾アドバイザー」の辞令を総理官邸でいただいたのは、末吉参与の推薦があったものと感謝しています。しかし、まもなく、麻生総理の退任に伴って末吉参与も職を辞されたので、私の「地域経営塾アドバイザー」の機会がなかったのは残念でした。

四、民（企業経営）の課題

ひと昔前まで企業経営の目的は「利益を上げる」ことが定説でした。確かに、赤字が続く企業は永続できず、いずれ倒産するのは必至です。利益は企業活動を永続させる条件であるということは、私の会社生活の体験からも切実に感じることです。しかし、だからといって企業活動の目的を利益追求と定義する時代は過ぎていると思います。

なぜなら、高度経済成長（工業社会）時代に発展した企業のうち、現在、環境問題や公害補償で業績低迷を余儀なくされている大企業がありますが、それは元をただせば、利益追求の過程で、その事業活動が外部に及ぼす影響（社会的責任）を軽視した結果だといえます。

現在の民間企業では、企業の社会的責任（ＣＳＲ）を重視する姿勢は当たり前の経営戦略になってきました。企業の社会的責任とは、「企業が利益を追求するだけでなく、組織活動が社会に与える影響に責任を持ち、あらゆるステークホルダー（利害関係集団）からの要求に対して適切な意思決定をすること」です。

もちろん、利益追求と社会的責任は対立するものではなく、両方バランスをとって経営することが必要になっています。Ｐ・Ｆ・ドラッカーは「利益と社会貢献」について、『マネジメント――基本と原則』（ダイヤモンド社）の中で、次のように述べています。

「利益は、個々の企業にとっても、社会にとっても必要である。しかし、それは企業や企業活動にとって、目的でなく条件である。（略）利益と社会貢献は矛盾するのでなく、企業は高い利益を上げて初めて社会貢献を果たすことができる」

「消費者運動や、環境破壊に対する攻撃は、企業が社会に与える影響について自ら徹底的に検討し、目標を設定しなければならないことを学ぶための高価な授業だった。企業にとって、社会との関係は自らの存立に関する問題である。企業は社会と経済のなかに存在する」

さらに、稲森和夫（京セラ名誉会長）氏は『成功の要諦』（致知出版社、平成二六年）のなかで「心の経営」が重要だとして、次のように述べています。

「一般に、事業活動においては、自分の利益を追求することが先行します。ですが、私はそうあってはならないと考えています。相手の人を助け、施しをしてあげることによって自分の事業も成功すると考えているのです。（略）私は利他（世のため人のために行う）の心がなければ、事業の成功はないと思っています」

五、民（企業）が官から学ぶこと

現代の企業経営には、顧客でない人たち（ノンカスタマー）が顧客以上に重要になったことを意味します。環境問題、雇用、立法への対応などが企業経営と密接に関係していることを考えれば、マネジメントの範囲の見直しが必要となっています。

要するに、マネジメントは企業のためにあるのでなく、あらゆる種類の組織にとっての体系になります。自治体が民（企業）から学ぶことがあるとすれば、それと同じだけ、民（企業）も官（自治体）から学ぶことがあるはずです。こういう意味で、企業経営も自治体経営の長所―社会や市民ニーズに配慮し、独断でなく公平公正な意思決定などを取り入れて対応していくことが必要になっていると思います。

第二章　市長の使命と資質

一、市長の使命

私は、市長在任時代に市長会などで多くの首長と親しく交流しました。首長になる前の前職を見ると、公務員や地方議員が多いものの、政治家秘書や新聞記者、そして弁護士など、多士済々です。各人それぞれに特徴がありますが、厳しい選挙を勝ち抜き有権者の信任を得た、唯一の首長ですので、人間的に魅力あふれる人材が多いのは当然です。

しかし、三期や四期と長期にわたって任期を重ねる首長がいる反面、一期、二期で退場する人もいるのはなぜでしょう。私は、初挑戦で掲げた市政公約を実現するためには、一期四年では短く、できるなら三期一二年は必要というのが持論です。

北大路信郷（明治大学専門職大学院）教授が「自治体経営の醍醐味」で述べているとおり、自治体経営は、「地域社会のグッド（民主的で公平公正）ガバナンスの実現」、「政治的な社会目的（ビジョン）の実現」及び「数百もの異なる地域社会のニーズを充足させる」という高度に挑戦的な領域といえます。

福岡県内の自治体では、県議から市長に転身した人が相当数います。県議の報酬は、政務活動費などを含めると市長報酬の一・五倍以上の高額です。そこで、私は彼らに「なぜ市長に転身したのか」と問うと、皆さんは異口同音に「市長は直接にまちづくりができ、やりがいを覚えるから」と答えます。

憲法九三条では、首長と議員をともに有権者の直接選挙で選ぶ、いわゆる二元代表制をとっています。しかし、権限としては首長には予算編成権や条例案の提出権など幅広いのに対して、議会は議事機関として行政のチェックが主たる業務となります。

特に、県議会は基礎自治体と異なり、有権者から見れば中二階的存在で、有権者との直接的な接触は相対的に少ないのではないかと思います。また、多くの議員がいて、会派制ですので、何を決めるにも自分はワン・オブ・ゼムとの感覚になるということです。

しかし、私は、市長を三期一二年やりましたが、その厳しさは想像以上でした。市長は、家族を含めて日常生活の全般や立ち居振舞いの一つひとつが有権者の目にさらされていると自覚せねばなりません。市長職には人なみ以上の心身の強さと、使命感や信念及び一貫した人生観を保持できなければ務まりません。そのためには健全なる生活態度が必要です。

二、首長の資質

どのような資質、能力を持っている人物が市長に選ばれるかによって、自治体の将来が大きく左右されるといっても過言ではありません。しかし、当選した人が市長としてふさわしい資質・能力を持っているのか、は必ずしも保証するものではなく、実際に市長としての仕事をやってみなければわからないわけです。

大森彌《わたる》（東京大学）名誉教授は『自治体首長――その資質と手腕〈21世紀の地方自治戦略3〉』（ぎょうせい、平成五年）の中で、首長像について次のように厳しく述べています。「およそ政治を志そうとする人物は、一般に、虚実が入り混じり、争いの尽きない政治の世界で、気力と体力にあふれ、資金力と演技力を元手にして、ときに恥もなく外聞などかなぐり捨てて、権力を追求する、といったタイプだろう」と、かなり辛辣な首長像を示しています。

確かに、プロの国政を目指す政治家にはこういう類いの人物がいることは否定しませんが、特に基礎自治体の首長の場合は、一般的に当てはまらないと思います。なぜなら、首長は国会議員と違って、有権者に四六時中見られており、遵法精神に欠けたり、横柄な態度や行動をした場合には翌日に投書が来たり、口コミでの批判が町中に広がる可能性があります。さらに、反省せずに改めない場合には、次の選挙で間違いなく落選することでしょう。

そういう意味では、優れた市長の資質は、大森氏が示された政治家像の真反対の資質――いわゆる、市民的な生活を送り、いつも謙虚で、反省を欠かさず、人の話を傾聴できる人が市長として実績を残すことができるし、有権者から尊敬されることになるでしょう。

世界的な経営学者のH・ミンツバーグ（カナダ・マギル大学）教授は『マネジャーの実像』（池村千秋訳、日経BP社、平成二三年）の中で、「有能なマネジャーに求められる資質一覧表」を示しています。そこには、カリスマ性、ビジョン、行動志向の判断力など五一項目が列記されています。「長身であること」が入っているのはいかにもアメリカ的ですが、同教授も述べているとおり、ここに挙げられた資質をすべて身に着けているマネジャーはいないのです。教授はこの五一の資質の中で、特に必要な資質として次の八項目挙げています。「献身的姿勢」「人々を鼓舞する力」「振り返りを重んじる姿勢」「洞察力」「人脈が豊かであること」「愛嬌」「思慮深さ」「賢明さ」です。

確かに、これらの資質はマネジャーだけでなく、優れた市長にとっても必要な資質ではないかと思います。

しかし、成功している市長にも欠陥はあるわけで、むしろ欠陥のない人間などどこにもいません。同教授も「マネジャーとして成功する人は、その欠陥が（少なくともその人が置かれている環境では）致命的な弊害を生まない」だけだと指摘しています。そして、教授はリストに掲げられている資質が好ましい結果を生まない事例として、「恐れることなく決断をくだせる能力」が本当に大切なのか。ブッシュ元米国大統領はハーバードビジネススクール時代にケーススタディを通じて「決断力」の重要性を学んだが、のちに大統領になってその教えを実践したのがイラク戦争だった、と疑問を呈しています。こうした例からも明らかなように、一つの資質が常に好ましい結果を生むとはいえないのです。

三、政治家にとって必要な資質

ここで思い出すのが、私が学生時代に政治学を学ぶ者のテキストとして広く読まれた、マックス・ウェーバー『職業としての政治』（脇圭平訳、岩波文庫、昭和五五年）です。ここでいう政治家は国を導く政治家を対象としていますが、政治家の資質について論じている以下の部分は市長の資質とも共通すると思います。

一、情熱とは、仕事にふさわしい情熱をもって献身できるという意味であり、政治家として何より重要な資質は「情熱と責任感と判断力である」。

二、責任感とは、単なる情熱では十分ではなく、情熱が仕事への責任という形で、行動の決定的な指針となるのでなければ、政治家にふさわしいものではない。

三、判断力とは、集中力と冷静さをもって現実をそのまま受け入れることのできる能力、事物と人間から距離を置くことのできる能力だ。「距離を失うこと」は、それだけでどの政治家にも致命的な欠陥だ。

四、真の政治家たる人とは、すべての希望が挫折しても耐えることができる心の強靭さを、今すぐにそなえなければならない。どんな事態に陥っても「それでも私はやる」と断言できる人、そのような人だけが政治への「天職」をそなえている。

マックス・ウェーバーの『職業としての政治』は、大学時代に学生寮の先輩から、政治学を学ぶ者の必須の本ということでもらったもので、先輩から後輩へと読み継がれた古本でした。読み直してみると、すでに一〇〇年前から本職としての政治家の出現を予測し、それは「自らの行為の責任をただ一人で負おうとする」倫理的な姿勢を示す人物だと喝破しています。政治家を目指す人々が熟読すべき必読の書であるのは間違いないでしょう。

四、市長としての信念と心構え

(一) 武士道と政治

『武士道』を著した新渡戸稲造氏は「人間には、理性や論理だけでなく、価値判断の基準となる倫理的な座標軸が必要です。それがない論理的な思考は単なる利益追求や自己正当化に過ぎない」（講談社）と述べられています。

市民の負託を受け、市長として行政トップと「地域の顔」になった以上、民間人と違った意味での強い信念や倫理観のもとで、地域の多くの課題を解決する、献身的な情熱が求められていると思います。

幼少期、私は父を早く失くしたあと、祖父母から厳しい「躾け」を叩き込まれました。当時は「なぜだろう」と祖父母を恨むこともありましたが、今になって、人間として根源的な教えであり、貴重な人生訓でした。たとえば、今思い出す言葉として、

「真面目に努力せよ。誠実が第一」

「悪いことはするな。お天道様が上から見ているので、必ず見つかるぞ」

「他人に後ろ指さされるようなことはするな。恥を知れ」

私はこれまでの長い人生を、祖父母の躾けを背に歩んできたように思えます。そして、再三危険な瀬戸際に立った時もありますが、祖父母から見守られて事なきを得たのではないかとも考えています。人間として正邪善悪の観念を形成しているものは、幼少期の家庭での躾けであるといっても過言ではありません。

私は若い頃から儒教や東洋哲学に関心を持ち、余暇の時間は『論語』や『武士道』をはじめ、東洋哲学の教祖である安岡正篤氏や伊與田覺氏の著書を愛読してきました。

（二）儒教と政治

孔子が三千人ともいわれる門弟に教えようとしたこと、それは一言でいえば「君子になれ」です。君子とは、世のため人のためということを常に考えている人やリーダーのことです。

伊與田覺氏の「君子とは何か」（『「人に長たる者」の人間学――修己治人の書『論語』に学ぶ』致知出版社、平成一八年）によれば、「人間は生まれながら、『徳性』と『知識技能の才』が与えられているが、才より徳のすぐれた人を君子という。人の道のことを義というが、利より義を重んじる人が君子、また、公のことを先に考えて私のほうはあとで考えるのが君子です。これが君子と小人（普通の人という意味）を判定する基準だ」と解説されています。

特に江戸時代になると、徳川幕府は、約二七〇年間、「儒学」の教えを日本人の精神基盤として広く普及しました。このように、長い期間にわたって培われた道徳観が日本人の品格ある精神文化を形成してきたのです。幼少期における私への「躾け」の内容は、当時の日本人なら誰でも持っていた道徳観でした。

現代は道徳心が薄くなったと巷間、取り沙汰されますが、まだまだ捨てたものではなく、危急存亡の際は蘇ってくるようです。たとえば、東日本大震災の時の日本人の、礼節を保ってお互いに助け合っている姿は、外国人から驚きと称賛の声となって、各メディアで表明されたのは、記憶に新しい、嬉しいできごとでした。

私が平成一五年、市長就任した直後に、今は亡くなられましたが大牟田市の高名な書家であった松井翠嵐翁から寄贈いただいた大きな額（横一六七センチ、縦八六センチ）を、市長室の正面に掲げました。その額には、「我道一以貫之　道　為古賀道雄大牟田市長　翠嵐書」とあり、額の真ん中に『道』が大きな書体で力強く書いてあります。「我道一以貫之」は孔子のことばです。その意味は「私の人生の根本は終始一貫変わるものではなかった。その道とは、『思いやりと慈しみの心＝忠恕《ちゅうじょ》だ』ということ」です。

私は毎日出勤してはこの額をながめ、初心を忘れず、自分の信条や価値観を貫くための戒めのことばとして、拳々服膺《けんけんふくよう》していました。

五、市長の役割

P・F・ドラッカーは「マネジメント」を次のように定義しています。

「マネジメントとは、組織として成果を上げさせるための道具、機能、機関である。あらゆる組織は社会の機関であり、社会やコミュニティ及び個人のニーズを満たすというミッション（使命）を達成し、成果を上げるために存在する」と定義しています。

ドラッカーのことばを敷衍《ふえん》すれば、地方自治体も組織の一形態であるので、自治体のトップである市長もマネジメントの対象であることが明確になります。

H・ミンツバーグ氏は、『マネジャーの仕事』（奥村哲史他訳、白桃書房、平成五年）のなかで、マネジャーの役割を、

一、対人関係における役割
二、情報にかかわる役割
三、意思決定に関わる役割

の三項目に整理し、この三つの役割を具体化する一〇項目の役割（略）はお互いに関連し、容易に分離できないと述べています。たとえば、リエゾン的に接触する機会を持たないマネジャーは外部情報が不足した結果、部下の必要とする情報を伝達することも、外部情勢を適切に反映した意思決定もできなくなります。

我が国の地方自治体は医療・介護や公共事業を含め、外国には見られないほど広範囲で、多くの事務事業を処理しています。こういう意味でも、今日の市長は優れたマネジャー（経営者）でなければならないのです。

六、権力の座に溺れない心構え

市長は地域の「顔」であり、地域と市民を結合する「シンボル」です。市長は、多忙な時間のなか、多くの人と会い、さまざまな情報に取り囲まれ、最終的に物事を決める意思決定

を行なわなければなりません。次から次と仕事が流れてくる公務をテキパキと、間違いなく処理していくためには、一貫した、揺るぎない信条――自らを規制する原理を持つことは大変重要であると考えます。

市長は、選挙に臨んでは多くの団体や支援してくれる人々と侃々《かんかん》諤々《がくがく》の意見を交わし、一心同体となって行動しますが、市長になったら、選挙戦の時の行動とは違った振る舞いが必要になることがあります。

市長になり、権力を運用する立場になったら、いろいろな誘惑がありますので、しっかりとした自制心と見識が必要です。特に、個別利益の実現のために近づいてくる団体や個人との間には「距離」を保つ必要があります。あわよくば権力のおこぼれにあずかろうとして、あの手この手で誘惑し、手段を選びません。市長の「重み」を軽視するような非礼な接触に対しては、これを峻絶する態度が必要です。誘惑を峻絶するただ一つの方法は、きっぱり「いやだ」と意思表示し、その言葉どおり振る舞うことです。

市長たる者の信条の第一は、公正に行動することにあります。権力の座に溺れることなく断るべき場合には断固とした態度で「ノー」と言わねばなりません。いやしくも、権力の座を利用して、特定の団体や個人に対して特権的に利益を配分するような行動は明らかに逸脱であり、実質的な腐敗です。

若いプロ野球選手が賭博問題に関与したとして、球界を揺るがす大問題となりました。最初の小さな誘惑に乗り、拒絶する機会を失って、嘘に嘘を重ねた結果が大きくなったと思われます。一度でも誘惑に屈すると拒絶できず、若者の力はどんどん弱まっていき、大切な美徳さえ奪われます。人生を台無しにしかねない、残念な行為です。

ここで、日本人のＤＮＡとなっている儒教や東洋哲学の中から、市長の信条となりうる、私の好きな言葉を列挙しておきます。

「天網恢々《てんもうかいかい》、疎《そ》にして漏らさず」（老子）

「その身正しければ、令せずして行なわれる。その身正しからざれば、令すといえども従わず」（孔子）

「その以てするところを視、その由《よ》るところを観、その安んずるところを察すれば、人いずくんぞかくさんや」（孔子）

「綸言《りんげん》、汗の如し」（漢書）

「人に千日の好《よしみ》なく、花に百日の紅なし」（菜根譚）

「功遂げ、身退《しりぞ》くは、天の道なり」（老子）

最後の二つの言葉は、「引き際を誤るな」の警句です。「春は春のなすべきことを終われば、その地位を夏に譲る。夏も秋も、それぞれ葉を茂らせ実をみのらせば、冬にその地位を譲る。人間も、一応の仕事ができ、功名を遂げたら、その位置から退くのが、天の道に従う所以である」という意です。現役のトップ（市長）がいつまでも権力の座に執着しない心構えとして、片時も忘れてはいけない警鐘の言葉と思います。

七、市長としての私の時間管理、生活習慣

市長が内面に深く持っている信条や原則中心の生活を送っているのかは、毎日の生活の中でその意志をどのくらい発揮できているのか、の度合いによって測ることができます。自分に約束し、それを守る能力、いわゆる言行一致を誠実に実践することが人間として欠かせないものです。

S・R・コヴィー博士は『7つの習慣――成功には原則があった』（J・スキナー他訳、キングベアー出版、平成九年）で「効果的なマネジメントとは、最優先事項を優先することである。日々の生活の中で、自分を律して『優先すべきこと』を実行することがマネジメントである」と述べています。同博士は、時間管理の中心をなす考え方を図4のマトリックスで表します。

そして、次のように、時間管理に優先順位をつけることの重要性を述べます。

「効果的な人は、第Ⅲ領域と第Ⅳ領域を避けようとします。この二つの領域に入る要件は、緊急であろうがなかろうが、重要でないからです。できるだけ第Ⅱ領域の活動に時間をかけ、生活の中で第Ⅰ領域が占める割合を小さくしていきます。

■図4　時間管理のマトリックス

	緊　急	緊急でない
重　要	第Ⅰ領域 活動： 危機への対応 差し迫った問題 期限のある仕事	第Ⅱ領域 活動： 予防、PC（成果を生み出す能力）を高める活動、人間関係づくり 新しい機会を見つけること準備や計画 心身をリラックスさせること
重要でない	第Ⅲ領域 活動： 飛び込みの用事、多くの電話、 多くのメールや報告書 多くの会議 無意味な接待や付き合い 期限のある催し物	第Ⅳ領域 活動： 取るに足りない仕事、雑用、 多くのメール、多くの電話、 暇つぶし 快楽だけを追求する遊び

出典：スティーブン・R・コヴィー著『7つの習慣』

第Ⅱ領域に入るのは、緊急ではないが重要な活動です。効果的な生き方のできる人は、これらの活動に時間をかけているのです。第Ⅱ領域の活動には自分から主体的に取り組まなければなりません。さもないと、第Ⅰ領域と第Ⅲ領域にすぐに飲み込まれてしまいます。第Ⅱ領域の重要な最優先事項に『イエス』と言うためには、他の用事がいくら緊急に見えても、『ノー』ということを学ばなければなりません」

私が市長に就任したときは満六〇歳でした。市政公約に掲げた「聖域なき行財政改革による財政再建」を実現するためには、これまでの生活習慣を全面的に見直すことが必要であると考えました。コヴィー博士が述べているとおり、目標に向かって「最優先事項を優先する」、緊張感ある生活習慣を確立しないと、電話、メール、接待などの単なる「緊急なこと」に振り回され、また遊びや趣味などの「重要でないこと」に流されてしまうことを危惧したのです。

過去の政治家の中でも、私利私欲のために道を間違え、またさまざまな誘惑に抗しきれず違法行為に手を染めたり、接待漬けによる体調不良などで退場していった事例は枚挙にいとまがないほどです。

特に、私が聖域なき行財政改革を実行する場合には、市民各層に痛みを伴い、関係団体や市民の反対、軋みが生じることは容易に予測できますので、私自身が、揺るぎない信念と最後までやり通す忍耐が必要となります。

その信念と忍耐力を支えるのは、自分自身の肉体と精神であり、知性と情緒の安定をバランスよく保たなければなりません。私の会社生活は、高度成長時代で、若い頃からゴルフ・マージャン・カラオケ（以下、GMKという）は必須科目として上司から厳しく叩き込まれました。それ以来、会社生活と議員時代を通じて、仕事の一環または趣味として、毎日、GMKのいずれかをやっていたように思います。子供の躾けや教育は妻まかせで、今なら離婚の原因になっても不思議ではない生活でした。当時のサラリーマンは皆、企業戦士としてがんばっていて、家庭を犠牲にして当たり前の世相でした。

しかしながら、圧倒的に不利な第一回目の市長選挙では、私の政治理念や政策に賛同してくれる後援会や多くの市民の皆さんの、地べたを這っての徹底的な「草の根選挙」で、結果的に僅差で勝利しました。こうした経過を経て、市長に就任したので、市民と約束した市政公約を達成することを最優先課題と位置づけ、それまでの生活習慣を徹底的に見直すことにしたのです。

ＧＭＫは一日または半日以上の時間を費やして遊ぶ娯楽で、その後の疲労や睡眠不足をもたらします。そして、一般市民から見ればお金がかかる贅沢な遊びとみなされる恐れがあります。また、これが一番の理由ですが、どれも一人ではできず、特定の仲良しグループとの交流に片寄ります。ＧＭＫを通じて、場合によっては接待などによる、特定利益の誘導とみなされるなど、市民から疑心暗鬼のもとになります。

そこで、市長就任直後に「二次会などは一切行かない」と宣言しました。現在はお誘いさえなくなり、寂しい思いもあります。そのかわり公務としての祝賀会や地域での懇親会などは可能な限り出席し、終了までいて参加者と交流し、懇親を深めることにしました。ここで、ミンツバーグ氏がいう「マネジャーの役割」のなかの「対人関係――リエゾン的役割」を十分に発揮するよう努めているのです。

このように、私は、市長在任の一二年間、ＧＭＫをきっぱり止め、「最優先課題を優先する」ために、一日二四時間すべて市政運営を考える生活革命に取り組みました。

第三章　選挙に勝つことが出発

一、選挙の意義に関すること

市長になるための最大の関門は「選挙」です。いかに「地盤・看板・カバン」があっても、この関門を通過しない限り市長になれず、また選挙に落ちれば「ただの人」になります。このように、選挙は市長になるための最初のハードルであり、かつ、勝ち続けないと地方自治のステージに就けない、絶対条件といえます。

そこで、選挙の意義や役割をはじめ、出馬表明までに準備しておく事柄や手順、選挙運動のやり方などについて熟知しておくことは、政治家（市長）を志す者にとって大変重要ですので、私の三回の市長選挙（市議会議員選挙を含めると六回）の経験を通じて、知っておくべき基本的なことなどを以下、述べてみます。

(一) 選挙の意義と役割

選挙は、いうまでもなく民主政治を担保する、憲法で保障された基本的人権です。国民が政治に参加する権利は、民主主義制度の基盤をなす権利です。

近代の民主主義は、国民が代表者に政治を託す間接民主主義を採用しています。

我が国の国政の場合は、国民が選挙で選ぶ政治家は「議員」となり、議員で構成される議会が首相を指名し、その首相が内閣を組織する「議院内閣制」をとっています。しかし、地方自治の場合は市長一人を直接選ぶことができる「大統領制」となっています。また、市議会議員も同じ有権者が直接選ぶことになっているので、市長と議員は対等の関係にあるという意味で、「二元代表制」といわれます。市長の権限は予算や条例などの議案提出や人事など幅広い反面、議会は議案の議決など行政運営を監視するチェック機関の役割となります。

したがって、国政の場合は「議院内閣制」、地方自治は「二元代表制」と、全く対照的な概念で政治が行われていることは基本的な知識です。ただ、このように地方自治は形式として二元代表制を採用していますが、実質的に議会の権限は限られているので、我が国の首長制度は大統領制といわれています。

しかも市長選挙は一人を選抜するものですので、議員が数人かかっていってもビクともしない不動の立場があります。市長は地域統合のシンボルであり、地域住民から尊敬されなければなりません。そのために、「実るほど頭を垂れる稲穂かな」という格言のとおり、普段から「利他」の心をもって「世のため人のために」全力を尽くす覚悟が必要です。

また、有権者の責務として、市長の素質や能力次第によっては地域の将来が致命的に左右されることを肝に銘じて、候補者の一時的なパフォーマンスなどに惑わされず、候補者の属性や経歴、政策・主張などをじっくり見極めて投票すべきです。

(二) 選挙に勝つことの意味合い

一人または複数の対立候補と戦う選挙で勝つということは、自ら掲げた政策や、争点とした見解が有権者から認知された、公的な証しとなります。選挙の結果は、有象無象の異論・反論を一挙に抑え込むことができます。

私は一期目、当選した直後の初議会に、選挙時に公約した政策や争点となった事項のうち、条例化して対応すべきものを議案にして提出しました。主要な三議案のうち「市長報酬の三〇%カット」のみが議決され、残りのふたつの議案はあっさり否決されました。

野党化している議会では、選挙時の遺恨もあって感情的な応酬がありますが、あまり気にする必要はありません。その後の四年間の市政運営を考えた場合、公約を実現する意思を示すために、否決を覚悟してでも思い切って提案する方が結果的に良いと思います。

なぜなら、あなたは唯一の勝者で、あなただけが大多数の有権者から政治の舵取りを任されている中心人物だからです。新しい秩序づけに向かって、有権者に約束した公約を実行する有言実行の政治家として、ますます評価を高めることになるでしょう。

また、当選してから「一〇〇日が勝負」という政治的な格言があります。自分がやりたい政策及び争点となった事項は、批判が少ない、選挙が終わってから一〇〇日の間に提案しかつ決定しておくのがベターということです。要するに、選挙に勝つことの意味合いは絶対的で、その後の市政運営を粛々と進めていける武器を得ることになるのです。

佐々木毅（東京大学）教授は『政治家の条件』（講談社、平成七年）で、マキアベリの『君主論』を現代政治にあてはめて、新しい政治家のあり方について次のように述べています。

「現代の政治において、選挙こそがマキアベリの力に相当する、政治の帰趨を決定するものにほかならない。個々の政治家や人間たちの無数の思惑にさらされる『新しい君主』にとって、それを一刀両断に断ち切る武器は、現代では選挙なのである。（略）選挙を活用してハードルの高い問題を処理するのは、政治の至道である。（略）評判を気にすることは必要だが、基本は政治のもたらす結果がどうかに求められなければならない。そのためには何よりも新しい事業、難事業に果敢に取り組み、そこで成果を上げることがどうしても必要になる。優柔不断な君主は、多くの場合中立政策をとり、多くの場合滅亡する」のです。

二、無投票当選の危険性

選挙は民主政治を正しく機能させる土台であり、重要な仕組みです。

政治家が選挙はただの人気投票であるとか「いやだが、しょうがない、決まりだから」と消極的に考えているようでは、民主政治を冒瀆することに等しいと思います。

私は市長選挙を三回経験しましたが、選挙ごとにマニフェスト（以下、市政公約という）を作成し公表しました。この過程は一筋縄にはいかず、相当の時間やエネルギーがかかります。これは行政評価でいう「P（計画）→D（実施）→C（評価）→A（改善）」のサイクルを回しながら業務を向上させていくことに通じるものです。

さらには、選挙に関わる期間は後援会や有権者の皆さんと直接交わる濃密な機会となります。そこでは、自分が抱いている政治信条や政策を訴え、理解を得る絶好の機会であると同時に、自分の独断や思い上がりなどを気付かせてくれることもあります。

また、有権者の新しい発想や建設的な意見・要望事項は、議事録に書き残し、当選後の市政運営に活かすようにすべきです。

このように、選挙はまちの将来ビジョンを指し示し、有権者の理解を求め、自らをアピールする絶好の機会なのです。

しかし、結果的に対立候補が出ず無投票当選した市長が、「（選挙戦にならなかったのに）市民の幅広い支持に感謝する」などとコメントすることがありますが、無投票当選がいかに危険性を内包しているかを認識しておく必要があると思います。確かに選挙しないメリットとして、たとえば選挙にかかる費用がいらないとか投票に行く手間が省けるなどがあり、また投票に行っても結果が分かっているという人がいます。

しかし、先に述べたとおり、選挙は民主政治を機能させる基盤であって、選挙にかかる費用は必要なコストなのです。また、投票することは国民の権利であり、義務でもあります。投票しない行為は、憲法で保障されている参政権を故意に放棄するもので、今後の政治の行方に白紙委任するに等しく、民主政治にとっては大変危険です。

ここで、無投票選挙の場合の問題点について述べます。

（一）有権者にとって

一、投票する機会がなく、自分の政治的意思を適当な候補者に託することができないために、政治不信に陥る傾向となります。

二、地域の課題とその解決策が公式に俎上にのぼらず、地域の停滞につながります。

三、地域のリーダーが長期間にわたって固定化され、新人の出番を妨げるので、世代交代を遅らすことになります。

四、各陣営の活動による、選挙戦特有のまちの賑わいや市民同士の交流が持てなくなります。

五、誰が市長になるかは市役所職員にとって最大の関心事です。無投票になれば、人事がマンネリになるとともに、職員からの新しい発想やモチベーションアップなどが期待できなくなります。

(二) 市長本人にとって

一、刻々と変化する社会情勢に対応するまちづくりビジョンを有権者に提示する機会を失い、市民との間に共通認識がないので、まちづくりが手さぐりになります。

二、市長が市民とのフェイス・ツー・フェイスの交流機会を逸するので、有権者から見て市長の顔が見えない存在となります。

三、国政選挙は政党主導が一般的ですが、特に市長選挙では後援会が中心となって活動します。したがって、選挙がない場合、明らかに後援会組織が弱体化します。さらに、四年後の次の選挙では後援会組織は確実に高齢化し、行動力と集票力が減退するとともに、選挙活動に関するノウハウも失われる可能性があります。

私が懇意にしていた市長の場合、二期目、三期目は無投票で当選しましたが、四期目はかっての部下が立候補し決戦となりました。新人候補には特段の応援組織もなく、「草の根選挙」を展開しましたが、知名度や実績及び人柄などを勘案すると、現職有利というのが選挙戦前の大方の見方でした。しかし、結果は落選でした。

この敗戦を分析すると、四期目という多選の批判は否定できないですが、活動の中心となる後援会の高齢化による活動不足が大きな原因に挙げられました。他方、新人は徹底的な「草の根運動」を展開したといわれます。支援者はボランティアの寄り合い所帯ですが、両陣営の選挙に臨む情熱と行動力の差は歴然としており、それが結果に表れたといえます。

このように、無投票で当選したあとの、次の選挙で現職が対立候補に負けるような事例は枚挙にいとまがなく、無投票当選は現職にとって諸刃の剣になるのです。

三、選挙の類型と手法に関すること

ここでは、公職選挙のなかで私が実際に経験した地方選挙である市議選挙と市長選挙を通じて、選挙の類型とやり方の違いなどを具体的に述べてみたいと思います。

選挙のやり方を類型的に分類すると、四つの体制に分けられると思います。

一、組織（企業）総ぐるみ選挙

二、政党主導による選挙

三、超党派による選挙
四、草の根選挙
なお、どういう選挙体制をとるかによって、その後の代表行動のあり方が決まる要因になるのはやむを得ないことです。

(一)私の実践的組織(企業)総ぐるみ選挙

この体制は、地盤・看板・カバンのすべてを一元的に組織に依存するものです。

私は市議会議員選挙を三回戦い、一回目と二回目の選挙は、この組織総ぐるみ選挙でした。現在のような脱政治の民間企業ではありえないことですが、当時、企業城下町で、保守対革新の勢力が拮抗していた大牟田市の政治状況では当たり前のように行われていました。ただ、現在でも、労働組合の選対組織などはこのパターンになるのではないかと思います。

私の場合は、サラリーマンからの転身でした。地域との友好関係を持続させるための、いわば業務命令での立候補で、しかも投票日まで限られた期間しかなかったという事情から、企業としても相当のてこ入れが必要と判断したものと思います。労働組合の推薦を得て労使一体となった組織ぐるみ選挙となりました。

組織総ぐるみ選挙の特徴的な進め方について以下述べます。

(1)候補者の決定

要件として「組織全体の支持を取り付けられる人物（人格や経歴など）であること」が必須とされます。

組織の構成員のなかから、選挙区の地域民に信頼の篤い出身者を選抜します。

⑵組織（推進母体）のあり方

組織の労使合同でつくる後援会組織が母体となります。この組織は、選対本部のもとに各部会や友誼団体、退職者ＯＢ会などから構成されます。組織に関連する、すべての人々が参加します。組織自体は内部の者しかわからないクローズドシステムになります。

組織選挙を行う大義名分（擁立の意義）としては、組織の目的を地域内で遂行する、または地域と共存共栄を図るために応分の役割を果たす、が考えられます。具体的な候補者の選定に当たっては、組織の大義名分を実行できる資質を備えている人材が求められます。

⑶役員

原則として、組織におけるトップクラスの地位の者が責任者に就きます。また、後援会活動を円滑に進めるために事務局が設置され、事務局員には各部会の責任者（総務・財務関係者）が充てられます。

⑷活動の担い手

組織に所属する全構成員とその家族及び退職者ＯＢが第一線で活動します。企業の場合は関連・下請け会社も含まれます。

(5)資金

候補者の自己資金をもとに、不足分は組織が補てんします。

(6)政策の摺り合わせ

組織として「なぜ候補者を出すのか」「組織人としての議員の役割は何か」などの大義名分を「趣意書」として作成して、全構成メンバーに提案します。候補者は自分の政治信条や政策を作成して後援会に提出します。後援会では、それが組織の方針に合致しているかを基準に調整して、最終的に決定し、公約として組織内に向けて公表します。

(7)活動の母体と選挙運動の進め方

後援会の各部会は、企業の場合、職場選対、退職者OB会、協力会社などを単位として結成し、本部後援会の下に位置付けます。具体的な活動は、各部会を単位として行い、後援会入会の募集活動から始めます。さらに、一定期間ごとにさらなる勧誘活動をするとともに、入会した会員の反応を個別に、◎（大変好意的で絶対大丈夫）、○（好意的だが絶対とはいえない）、△（中立的でまだ決めていない）、×（他候補と関係あり絶対ダメ）で判定していきますが、この作業を選挙期間まで波状的に繰り返します。

これら各部会の一連の作業状況は、定期的に本部会議で報告し、チェックされます。

候補者の活動は、職場オルグや各種イベントへの参加及び後援会員への戸別訪問など、基本的には組織内における活動に限定されます。

私の場合、一期・二期ともトップ当選だったのは、全く予期せぬことでしたが、この組織ぐるみ選挙の進め方が効率的で、社員、家族はもちろん知人、友人などを総動員しての活動の成果でした。

なお、一期目の選挙活動は、サラリーマンから転身した最初の経験でしたので、「頭の下げ方や言葉使いをはじめ、大衆への心を込めた思い」など、「下座行」に通じる、いくつかのパラダイムシフト（それまでの伝統や習慣からの決別）の瞬間を感じた出来事がありました。大きな人生の転機となりました。

しかしながら、組織ぐるみ選挙で当選したあとの政治活動は、組織の思惑を配慮せざるを得なくなります。一元的な支持基盤に依存する場合の政治活動が、「利益代弁型」になることは肝に銘じておくべきです。

（二）私の「脱政治」組織選挙

三期目の市議会議員選挙は、母体企業が「脱政治」を表明したので、一～二期の議員活動で培った独自の後援会（親類や同窓生、知人が中心）を主体とした活動になりました。しかし、形式的には企業推薦だし、バックには組織票の存在が前提となりますが、活動は組織内にとどまらず、選挙区内の一般市民を対象に幅広く行動しました。その結果は、第五位当選でした。

選挙体制は、自前の後援会と組織による選対組織といった混成による活動でしたが、もともとお互いにもたれ合って中途半端になりやすいという典型的なパターンでした。

小選挙区制度の導入など政権交代を可能とする中央政治を反映して、社員の政治意識の変化や市民活動の活発化が見られるようになりました。従来のように「だれだれに投票せよ」といった上意下達は通用しなくなっています。企業の「脱政治」の表明は、このような時代背景と、平成九年の三池炭鉱閉山による地域社会の構造的変化が、企業の政治参加の意欲を失わせたものと思います。

三期連続トップ当選はできなかったもの、この選挙で組織内だけでなく、市民サイドに大きく帆を広げたことは、のちの市長選挙における「草の根選挙」への契機になりました。

(三) 政党主導による選挙

国政選挙の場合、選挙制度(小選挙区比例代表並立制など)との関連があるので政党本位の選挙が行われます。しかし地方選挙、特に市長選挙では政党のブランド力が高い地域は別にして、純然たる政党主導の選挙はあまりないのではないかと思います。

過去には日本社会党の市長が誕生したことがありますが、それ以降は保守系無所属の市長が続いています。保守系無所属の選対組織には自民党や公明党が入って実質的に運動しますが、政党の比重がどの程度かは、候補者の出自によって異なります。この場合でも、特定政党が単独で選挙を主導する地域情勢でないことは確かです。

定数が複数の県議会議員選挙及び二十数人を選ぶ市議選挙の場合は、政党主導の選挙が行われます。ただし、主導の程度ややり方は各政党で異なっているようです。

自民党公認の候補者の場合は、候補者の数が多く、地盤が競合するために、政党に依存した選挙を行うわけにはいきません。同じ政党のライバルを倒さない限り、当選できない状況が起こりうるからです。政党でなく、候補者をアピールする必要があるため、選挙運動自体も政党主導ではなく、後援会が主体的に行います。民主党（現民進党）や社民党の場合も形式的に地盤割りはしますが、選挙運動は後援会主体で行っているようです。地方選挙での典型的な政党主導選挙は公明党と共産党が行っています。党員の中から候補者を人選し、資金調達や公約の作成をはじめ地盤割りなど選挙運動の大部分を政党が取り仕切ります。

(四) 超党派による選挙

超党派選挙とは、一人の候補者をすべての政党・団体及び大手企業がこぞって推薦して、応援する体制をいいます。

このケースとなるのは、知名度と実績を重ねたベテラン市長または中央官僚からの候補者に対して、相手候補が弱小とみなされている場合が考えられます。いわゆる勝てる候補に相乗りする形です。対抗馬と比べて、組織力や資金力などで圧倒的な集票能力があるので、当然に当選する確率は高くなります。

しかし、選対本部内での主導権争いや政策の違いが表面化する場合や、運動が幹部請負で空回りや「油断」が生じてくる場合などは、必ずしも安泰とはいえず、注意しなければなりません。

また、選挙公約の作成では、各組織との調整作業が難航するために、ありきたりの抽象的、総花的な表現になったり、または既存の行政計画の焼き直しに終わったりします。結局、思い切った改革案や痛みを伴う政策は見送られることになります

(五) 草の根選挙

私の市長選挙の一期目と二期目は草の根選挙の体制で戦いました。この形は、あらゆる政党、団体及び大企業から独立し、直接有権者一人ひとりに働きかけ、支持を得るやり方です。

超党派から支持を受ける現職に対抗して立候補する場合や、自らが市民活動家で組織に足場がない新人候補が、このスタンスをとります。大物といわれる、多選の現職市長は各方面から推薦されるので、新人で挑戦するには草の根選挙の体制でやるしか方法はないのです。

(1)候補者の決定

「地域の重要な行政課題を解決したい」「市政を抜本的に改革したい」「しがらみのない、透明性のある政治をしたい」という、燃えるような志と情熱を持った者が、やむにやまれず

に自ら手を上げます。

⑵組織（推進母体）のあり方

この体制には特別に決まった組織の作り方はなく、当初は候補者と志を同じくする仲間のネットワークや人脈を駆使して、アメーバ的に組織化が進められます。賛同者やグループがある程度の塊りになった時に、ゆるやかな後援会組織を結成します。この場合の後援会メンバーは対等の関係で、決定事項は同意型になりますが、さらに規模が大きくなると、情報中枢を担う事務局体制が必要となります。

⑶役員

「草の根＝市民主体」という後援会の基本スタンスを考え、役員構成は「肩書でなく、人物本位」となります。形式的に地域の名望家を据えることはありません。しかし、事務局員や実働部隊の責任者は、あくまでも候補者と志を同じくする一般の市民が担当します。

⑷活動の担い手

特定の組織とは無縁の一般市民が自らの人脈を駆使して、自主的に活動の担い手となります。候補者の政治理念に賛同して、多くのブレーンが集まって、活動の担い手となることもあります。

⑸資金

原則として、候補者が負担しますが、無償ボランティアによる活動が主ですので、最低限の負担となります。

場合によっては、賛同する市民から、薄くかつ幅広く、友誼的な資金カンパを募って、資金調達することもあります。

⑹政策の調整と策定

政策（案）は、候補者自身がその政治理念に基づいて作成します。市政公約となると、政策課題についての調査や政策の立案に相当の労力を要します。予算書及び現職の市政方針などに関する各資料を五年分程度取り寄せ、問題点の把握、争点化及びその対策に十分時間をとって準備しなければなりません。

政策（案）をもとに、後援会事務局で討議し、全員合意の上で市政公約として最終案を決定します。

⑺活動の母体と選挙運動の進め方

後援会員が点から線そして面まで拡大していくと、小学校単位とする校区（または地域）後援会が結成され、さらなる会員の拡大と深掘りが進められます。

四、私の実践的「草の根選挙」

(一) 泡沫候補からの出発

六回の選挙のなかで、最も印象的かつ感動したのは、超党派の、強力な現職に挑戦して勝った市長選挙(一期目)でした。

この勝利について、地元マスコミは、「初の市民派市長の誕生」と大きく報道しました。この選挙では、投票日まで一〇〇日余となる時期に、立候補を表明する記者会見を開きましたが、席上、当時親しかった三大新聞社の支局長から「古賀さんは全く勝ち目のない選挙になぜ出るのですか。泡沫候補といわれていますよ」と、厳しい忠告を受けたことを記憶しています。

確かに、三期目を狙う現職は中央官僚OBで、人格穏健な紳士、しかも、自民党はじめ公明党、民社党(現民進党)、社民党の各政党、連合や市職員組合などの労働団体及び商工団体や大手事業所などの経済団体から幅広く推薦を受け、万全の体制とみなされていました。支局長の指摘は、正直ショックでしたが、私としては織り込み済みでした。あとになって、数人の、同席していた後援会同志はあの言葉で気合いが入ったと述懐しました。

この記者会見から投票日までの一〇〇日間、後援会の総力を挙げて、「草の根選挙のノウハウ」を駆使して戦うことになります。
選挙結果は、一六〇〇票差（得票は二万八一五一票）という僅差での逆転勝利でした。
それでは、この選挙で草の根選挙をどのように戦ったのか、振り返ってみます。

（二）恩師のアドバイス

大牟田市長選挙に初当選（平成15年11月16日）

秘かに市長選挙の意思を固めた頃、母校早稲田大学吉村ゼミの同級会が熱海で開催されたので私も出席しました。この会は、今は亡き恩師の吉村健三教授（国際政治学の泰斗）を囲んで、卒業後五年ごとに開かれている、ゼミ友の集まりです。

この席で、厳しい選挙事情を説明したあと、「勝つにはどうしたらいいでしょうか」とお尋ねしたところ、先生はしばらく熟考されていましたが、「足で稼ぎ、一人でも多くの有権者と握手せよ。目を合わせてしっかり手を握ることだ。政策は二の次でいい」と教えてくださいました。政策ではなく、意外にも、徹底的な「草の根活動」のノウハウでした。

私は以来、恩師のアドバイスと激励を受けて、一直線に草の根活動に突き進みました。そして、当選したあと、大隈会館（早稲田大学内）で当選祝賀会を開いていただいた席上、先生にこの選挙必勝法のお礼を申し上げると、先生は「君ならできると思っていたよ」と、破顔一笑されたのを今でも忘れることができません。

(三) 政治活動（告示までの活動）の展開方法

一般的に、選挙では地盤、看板、カバンが重要だといわれますが、「草の根選挙」で戦おうとする候補者の中で、この三大要素を持ち合わせている人はほとんどいないのではないかと思います。他方、現職は三大要素のみならず、政策形成力など多くのアドバンテージ（有利な点）を持ち合わせています。

しかし、選挙は必ず勝たなければなりません。そのためには、やみくもに選挙運動するのではなく、事前に考えに考え抜いて（孫子の「算多きは勝ち」）、自分に合った戦略・戦術を立て、そして効率よく戦っていかねばなりません。

具体的に私が実践した重要な取り組み項目を次に列挙します

(1)まず、なぜ立候補するのか、いわば大義名分づくりが必要です。

私は、市議会議員として現職市長の与党議員として議会活動を行ってきた関係上、市長選挙でなぜ現職と対立までして戦うのか、という大義名分が必要になります。

大牟田市が置かれている閉山後の市勢の沈滞、財政の極端な悪化、公共事業に関する汚職事件の浮上、及び、閉山後は地元をよく知っている、できれば地元出身の市長の必要性などについて具体的に検証し、出馬理由に挙げました。

さきの記者会見では、出馬の動機として、現状の市政に危機感を抱き財政再建への熱い志を持っていることや、特定団体による「しがらみ」から脱却し、市民の立場で改革するなどと訴えました。

このような地域や市政の現状を分析するとともに、問題点を抽出し、抜本的な現状改革案を市政公約として具体的に提示しました。

(2)戦略と戦術としては、草の根選挙のノウハウ（後述）で戦いました。

(3)組織づくりは、無党派層に直接訴える草の根選挙を組織づくりの基本に据えました。

市議会議員時代の後援会幹部は、現職を推薦した会社方針に従うという理由で、新しい後援会への参画を辞退しました。結果的に、後援会は企業色が一掃された「無垢の市民主体」になりました。

(4)市政公約に「しがらみのない改革」を中心に据えました。

「しがらみのない改革」とは、市民主役の行政のことをいいます。沈没寸前の大牟田丸に必要なことは、どれだけ踏み込んだ改革を、どれだけ早く実現できるか。このことが大牟田市の市民生活の将来を大きく左右します。

具体的には、徹底的な行財政改革によって財政再建団体への転落を阻止することや、「十分な情報公開」をキーワードにし、市民に開かれた行政システムを築くことや、いわゆる職員（公務員）文化を改革することを盛り込みました。

⑸資金調達を透明化します。

全国的に「政治とカネ」をめぐる事件が相次ぎ、国民の政治不信に拍車がかかっている今、これまでの市長選挙と違って、特定の政党や企業からは支援を求めず、資金調達を透明化することによって、行政に対する市民の信頼を取り戻すことが必要だと考えました。

そこで、出馬表明と同時に、私は「李下に冠を正さず」をモットーに、日常の後援会活動及び選挙活動においても、特定の企業・団体からの政治献金は一切受けず、市民からの浄財（個人献金）に依存することを宣言しました。

⑹後援会を結成する。

まず、最初に取り組むべきは、後援会を発足させることです。組織型と違って、「草の根選挙」は、自らの力で作った後援会を母体にして種々の活動を行います。信頼できる有志を糾合して後援会を設立するとともに、政治団体登録の手続きを行います。遅くとも、投票日の一年前までに済ませておきたいものです。

役員の選出では、特に会長、事務局長、会計の三役は候補者が真に信頼する同志及びそれに相当する人材を充てる必要があります。組織の運営に明るく、マネジメント能力のある人材が望ましいと思います。

その他の役員を一五～二〇人程度委嘱して総務・会計、情報宣伝、団体対策、地域対策及び渉外などの役割分担をします。

会員募集には、入会申込書だけでなく、立候補の趣旨や政治のスタンス、顔写真、経歴などを記載した「後援会のしおり」（パンフレット）が必要ですので、この作成作業に相当の時間がかかることに注意しなければなりません。

「後援会のしおり」ができたあとは、後援会挙げて会員拡大の活動に取り組みます。並行して、会員名簿作りをパソコン作業でやりながら、入会お礼の電話作戦をします。本人に直接電話で確認して、信用できる良質な名簿となるように努めます。この会員拡大と確認活動は、投票日まで継続する作業ですので、地道にかつキメ細かく行っていくことが重要です。

(7)後援会員を拡大し会員を訪問します。

後援会に入会された会員には、即時にお礼の電話をするとともに、会員宅を訪問して交流することが大事です。

(8)社交的訪問活動（ローラー作戦）をします。

一般的に、新人は知名度が低く、地域で全く知られていない場合があります。そこで、地域で知ってもらうためには社交的訪問活動（ローラー作戦）を行う必要があります。組織のバックアップがない新人にとって、一人ひとりの有権者と交流するローラー作戦は重要な活動です。

夏の炎暑のなか汗をふきながら、または大雨に打たれながら地べたを這っての活動です。面会する有権者の反応もマチマチで、初心者にとって大変厳しい「修行」となりますが、やり抜くことが大事です。この訪問活動は、あとの選挙活動に入ってからの街宣活動に大きな実りをもたらします。ただし、実施時期ややり方によっては公選法一三八条で禁止されている「戸別訪問」とみなされる恐れがありますので注意が必要です。

(9)ミニ集会を開きます。

ポスターなどの準備ができ次第、いよいよ選挙区の全地域を対象としてミニ集会を開催します。新人の場合、遅くとも投票日の六か月以前から始めます。市域の規模にもよるが、一〇〇か所程度は開催したいものです。

候補者は、市政公約を要約した画像（一〇コマ程度）を、パワーポイントを利用して説明します。

なお、パワーポイントなどの器具類は、自己負担で調達しておく必要があります。

さらに、開催する地域の優先順位を考えることも大事です。私は、日頃なじみが薄い中山間地域や市境いから始め、徐々に市中心部に移って開催しました。孫子に「兵の形は実を避けて虚を撃て」とあります。これは「相手が手薄なところ、意図していないところを攻めよ」という意味です。へき地から攻めるというのは、小沢一郎氏の戦術として有名ですが、孫子の兵法に基づいたものでしょう。

なお、ミニ集会を成功させるためには、会場周辺の住民の参加を促すために、各家庭にポスティングや街宣による周知活動を行うことが必要です。

(10)辻立ち（朝立ち）をやります。

街頭演説は、駅や商店街など人が集まる場所で簡単な演説やスピーチをしながら、「顔を売る」活動です。

私の場合、通称「朝立ち」といって、市内最大の交通の要衝の場所で、通勤時間帯の一時間程度、リンゴ箱の上に立ちながら演説しました。初体験で、正直いって恥ずかしい思いが強く、躊躇しましたが、後援会からの強い指示があって踏み切ることにしました。

やってみてわかったことですが、車で通勤する人の反応は、最初の数日間は無視されます。「誰が何をしているのか」といった疑心暗鬼の状況だと思われます。しかし、一～二週間も続けていると、まず顔なじみの人から手を振り、クラクションを鳴らして通り過ぎてくれるようになります。そして、一か月も続けると、見慣れた風景として、皆さんは笑顔で走り去っていきます。歩道を歩く人も話しかけて握手してくれます。

このように、「朝立ち」を通じて高揚した流れを保持しながら、告示を迎え選挙活動に持ち込めれば、勝利は射程内に入ったといえるでしょう。

(11)「励ます会」や「総決起大会」を開催します。

比較的大きな会場で、数百人規模の集会を開催します。ここでは、参加者の人数と会場の雰囲気などをみて、これまでの活動の熟度を知るとともに、今後の展開を見極めることが重要です。また、ＮＰＯ法人などが開催する「公開討論会」などには積極的に参加します。

⑿広報宣伝活動をします。

広報宣伝は、候補者の人柄や政策を有権者に知ってもらう活動です。現在は、インターネット通信を含め、様々な媒体が登場しています。

○市政公約をマニフェスト型で公表します。政策の構成として、大牟田六つの危機（現状認識）を提示するとともに、具体的な施策・事業として九〇項目以上を掲げました。

○市政公約を要約した概要版（Ａ４判一枚、表裏）を作成し、事務所に常備するとともに、ミニ集会や企業訪問及び個人演説会の時に配布します。また、これは大型商業施設などの一般通行人にも配布できますが、告示以降の配布は違法となります。

○市政公約の要約版をパワーポイントで画像化し、ミニ集会などで活用します。

○「後援会のしおり」を作成、配付します。Ｂ５判一枚のなかに、候補者の顔写真、主要政策・施策、学歴、前歴などが記載されているので、後援会員の入会申し込みとともに、随時配布できます。

○ポスター、名刺、後援会のしおりは、様々な場所で候補者を手際よく紹介できる必需品です。運動員分を含めて十分に用意しておく必要があります。

○インターネットを活用します。

インターネットが持っている双方向性、正確性、リアルタイムなどの特徴は、政治コミュニケーションにも画期的な変化要因として作用しています。平成二五年四月に公職選挙法の改正案が国会で成立したことで、インターネットを使った選挙運動が解禁されました。選挙運動以外の政治活動、すなわち政治上の目的をもって行われる一切の活動に、選挙運動にかかる規制はないとされています。

なお、告示以降の選挙運動期間中にできるインターネット運動については、公選法で規制されているので確認してください。

(四) 選挙活動(告示以降の活動)の展開方法

選挙活動期間は、公職選挙法によって、様々な制約があるので十分に研究しておく必要があります。

たとえば、事前運動の禁止、戸別訪問の禁止、文書による運動の制限などがあります。

選挙活動でもできることは次のとおり。

(1)街宣活動

お馴染みの街宣活動も、自動車の数や種類、掲示するポスター、提灯、乗車できる人数及び連呼行為などが制限されます。

街宣活動で大切なのは、事前にコースを決めて、期間内で全区域をもれなく回りきることです。熱烈な支持者は選挙カーが来るのを待っています。家の中から手を振り、または家族みんなで出迎えてくれることがあって、候補者として涙が出るほどうれしい瞬間です。したがって、事務局は毎日コースをチェックして、時には見直すことも必要になります。

同乗する、いわゆる「うぐいす嬢」が連呼する言葉は、大変重要です。事務局は数パターンの原稿をあらかじめ作っておいて、事前に徹底的に訓練するとともに、終盤になると悲壮感を出す声色が効果的です。

(2)個人演説会

政見の発表及び投票依頼などのために、候補者自身が開催する演説会です。開催回数に制限はありません。

一日に数か所の会場で開催するので、応援弁士が必要です。あらかじめ依頼しておき、番割り表を作っておきます。草の根選挙の場合、応援弁士に国政政治家や企業幹部は引き受けない可能性があるので、後援会長や同志的なつながりがある議員などが務めます。

一日数か所での開催で、会場準備も大変で、後援会員を総動員してポスター貼付や会場整理など万全の準備をする必要があります。

(3)総決起大会

告示後に開催する「総決起大会」の盛り上がりの状況如何が選挙の趨勢を決定づけることがあります。私の場合の総決起大会は、告示から三日目に、最大の収容能力（一五〇〇名）

「古賀みちお」を励ます会

を持つ市立文化会館で開催しました。

当日は、後援会の皆さんの地道な呼びかけが効いて、またたく間に大ホールが埋まって立ち見が出るほどの盛況でした。式次第が進み、最後に登場した私の演説になると、あちこちから「そうだ！　がんばれ！」という激励の声が飛び交うとともに、大きな拍手もあって、かつてなく活気ある集会となりました。偵察に来ていた相手陣営の幹部は、その情景をみて肩を落として帰ったとのことでした。

相手陣営は危機感を募らせて、その後大物政治家などによる街宣活動などを行なって、巻き返しを図ったが、時すでに遅く、大勢を覆すことはありませんでした。

(4)企業訪問
告示後の戸別訪問は禁止されているので、空いた時間を使って支援してくれる地場企業を訪問します。職場会議や昼休み時間などを利用して社員の皆さんに挨拶します。

(5)後援会入会名簿の作成継続
告示以降も、各方面から持ち寄られる後援会入会員は増え続けますので、継続してパソコンに入力する作業が必要です。しかし、市長選挙ともなると、会員数は数万人規模となり、輻輳《ふくそう》する選挙事務の中で地道な入力作業は遅れがちになるので、専門の事務員を雇い入れて作業を継続する方が効率的です。

なお、この名簿は後述の電話戦術などの資料として利用するので、氏名、現住所、電話番号などを正確に表記しなければなりません。

(6)電話戦術

選挙期間中の事務所の中心的な仕事は、後援会名簿に基づいて、一人ひとりに電話で支援・協力を確認する作業です。この作業は別室で行い、数台の電話を設置して、数人の交代制で行います。

また、この作業では、嫌がらせの応答もある場合を考えると、忍耐力のある女性の優しい対応が効果的のように思います。

(7)運動員への食事提供

街宣車で市内を走り回る候補者やうぐいす嬢、運転手などへの選挙事務所での食事提供は認められています。栄養補給だけでなく、気分転換や情報交換の大事な時間ですので、和気《わき》藹々《あいあい》の雰囲気が必要です。

私の場合は妻の友人である主婦の皆さんがボランティアで駆けつけてくれました。皆さんは料理自慢のベテランで笑い声が絶えず、投票日を間近かに控えて緊張感に包まれる事務所にさわやかな風を送ってくれました。

（五）市長選挙結果についての地元マスコミの反応

第一回目市長選挙の結果は、約一六〇〇票差での僅差の勝利となりました。一貫して草の根選挙運動を展開し、四か月余前の泡沫候補扱いからの大逆転でした。

この結果に、地元マスコミは一斉に「草の根」が「組織型」を破ると報道しました。

五、現職に勝つ選挙必勝法とは

（一）必勝法はあるのか

超党派で支援を受ける現職市長に挑戦した平成一五年の市長選挙で、泡沫候補といわれるほど知名度が低い私が、草の根選挙を駆使して勝利を得ました。このことは地域にとって初の、歴史的な快挙であると地元マスコミが報道しました。

こうしたことがあって、近隣の市・町で行われる首長選挙に新人で立候補したいとする人たちから、直接または人を介して、「現職に勝つ方法」を伝授してほしいとの依頼がたびたびありました。私はその要請があれば、そのたびに私なりの考え方やノウハウを教示してきました。当初は、私が教えた新人が現職に勝つ確率が高く、私が説く「必勝法、三種の神器」はかなり有効ではないかと内心思っていましたが、最近になると勝てないケースも出てきました。それはなぜでしょうか。

市長選挙に初当選した翌日の地元紙
（「有明新報」平成15年11月17日）

（二）現職の強さの秘訣

選挙で新人が現職に勝つことは容易でないと誰しもが思います。なぜ、現職市長は強いのかについて、私が市長になって痛感したことを含めて、以下、述べてみたいと思います。

まず、市長にはあらゆる情報（噂話を含めて）が集まってくるので、情報中枢の役割があります。市長職を通じて、その情報を駆使して地域の懸案問題を次々に解決して、多くの実績を上げると「頑張っている市長」として市民の評価が高まっていきます。

次に、市の公式行事には、消防出初め式や成人式、記念式典及び地域のお祭りやイベント、その他冠婚葬祭など多彩で、毎日のように開催されます。現職市長は、公式行事すべてに市を代表して出席して、市民に「顔を売る」ことができます。市長の仕事は、基本的に人間関係を構築して知名度を高めることであります。ある面では毎日が選挙運動をやっているともいえます。

このように、現職の市長は誠心誠意、真面目に仕事に取り組んでいく限り、新人に対して圧倒的に有利なポジションにあることは確かです。

(三) 新人候補の資質向上

新人の挑戦は相当ハードルが高いものの、必ずしも勝機がないわけではありません。過去の例をみても、新人が大きな志しと断固たる決意をもって、天地人(戦略と戦術)を駆使して現職に挑戦できれば勝機があることを証明しています。

まず、政治家としての資質・教養を高めることが基本です。

市長職は、その地域の発展に最終責任を持つポストです。そのためには、自治体の「経営者」でなければなりません。どういう自治体でありたいか(まちの個性)に関する揺るぎない、基本的な考え方を持ち、状況(困難と可能性)を的確に把握し、時代を先取りして、市の可能性を最大限引き出し、市民サービスの向上を目指す、これが市長のやる仕事であり責務なのです。

「選挙に勝てばよい」とか「市長になりたい」だけの新人候補では、たとえ市長になったとしても、地域を劣化・衰退させる「人災」となります。長い選挙戦を通じて、有権者はそういう類いの新人候補の教養のなさや貧弱な資質を見抜いてしまいます。そういう人が、スキルやテクニックに頼り、たとえ草の根選挙を戦っても成功しないのはいうまでもありません。

市長を目指すものは、それ以前に政治家としての資質を高めるとともに、様々な社会経験を積んで、世間知（教養）を体得しておく必要があります。マックス・ウェーバーがいうように、政治家として必要な三つの資質である「情熱」「責任感」及び「判断力」を身につけましょう。時代の潮流を見抜き、地域が直面している課題や問題点を把握することが必要です。

では、「教養」を高めるにはどういう生活習慣を身につけたらよいかを考えてみます。

まずは多くの本を読むことです。また、新聞各紙を比較しながら丹念に読むことによって、社会経済の変化や地方分権、少子高齢化など、自治体をめぐる時代の潮流が把握できます。さらに、他都市との比較において、その地域が直面する課題などを知ることができます。地方自治に関係する興味あるテーマは必ず切抜き、ファイルで保存します。

また、様々な社会経験は、市民の多様なニーズに対応する政治活動にとって、貴重な財産になります。職業に貴賤はなく、どのような職業にも真剣かつ誠実に取り組むことが重要です。

(四) 現職市長の特徴と問題点をつかむ

(1)現職市長の市政運営に関する分析・評価を行います。

現職市長には、前回選挙で示した公約と、その後四年間のさまざまな実績があります。まず、前回の公約の内容と実績の乖離がどのようにあるかなどの分析・評価の作業を行い、現職の市政運営の特徴と問題点をつかむ必要があります。

公約の類型には、ローカル・マニフェスト型と、従来型のスローガン的な言葉を羅列したものがあります。

ローカル・マニフェスト型は、「数値目標」「期限」「財源」「工程表」の入った選挙公約です。任期中に行う政策内容が数値入りで説明されているので、達成できたかどうかがチェックでき、事後検証可能という点が従来型の公約との大きな違いです。

従来型公約は、抽象的な表現に終始するので、政策の目標レベルと実績の差がわかりにくく、評価が難しくなります。

しかし、本人の政策パンフレットや選挙公報などを調べると、現状の問題点や政策の変更点が具体的に記載されている公約もありますので、その達成状況について分析・評価するのは可能です。現職の四年間の実績について、できる限り関係資料を調べるとともに、関係者から多くの情報を聴取し知っておく必要があります。

(2)市政運営を評価する場合の視点

市長は自治体の「経営者」です。そこで、市政運営の特徴を分析・評価する視点として、
・四年間における政策や市政運営上の問題点はなかったか？
・行政の方向性は健全か。特定の支持団体向けの行政になっていないか？
・市民への説明責任は十分に担保されているか？
・有権者と行政の密着度はどうか？
などを考慮すればよいと思います。

市長が当選することだけを目的とし、漫然と市政運営をその日暮らしでやってもらっては市民が困ります。まして、選挙目当てに人気を得ようとして、不要な施設づくりや維持管理の見通しのない施設づくりに励んでみたり、またはいわゆる「ばらまき福祉」を行ったりする市長は最悪です。こうした市長の居直りは許さず、選挙で堂々と論陣を張って、有権者に訴えていくべきです。

(五) 必勝法――戦略の中心は市政公約

孫子の兵法に「凡そ戦いは、正をもって合い、奇をもって勝つ」とあります。つまり、「戦略の基本は正、そこへ奇を加えると勝てる」ということです。正とは正統的で定石どおりの戦略、奇とは意外性を持った戦略です。奇正の組み合わせが重要で、その組み合わせにはいろいろなバリエーションがあって、それを考え抜くことが重要であること。さらに奇正

の順序が大切であって、まず正の戦略をきちんと持ち、その路線で動き出して、あとに奇を加えるのが勝負の肝、だということです。

孫子の教えを現代の選挙にあてはめると、自治体経営への正しい姿勢や政策を抜きに、選挙の必勝法だけを体得してもうまくいかないのです。

したがって、これから述べる必勝法では、まず具体的な市政公約の提示が重要です。

市政公約で「新しいまちづくり（まちを変える）」を明示することです。マニフェスト（政権公約）は民主党政権で「空手形」として貶められましたが、それは実現できない政策を記載した民主党の責任で、マニフェストの責任ではないのです。

市政公約の導入効果として、政策の優先度や重点化が明確になる、進行管理がやりやすい、総合計画を戦略化できる、職員に政策が理解されやすいなど、多くのメリットがあります。

しかし、市政公約づくりには十分な調査と分析と、熟慮する時間が必要です。従来の市政を覆すような内容を含み、有権者にパンチ力がある市政公約だと思わせなければ効果あるものとはいえません。

市政公約は単に自分の考えている政策や施策を羅列するだけでは不十分です。現職の四年間の市政運営の中で、最大の問題点または現職が掲げている選挙公約の矛盾点を鋭く突き、自分ならこうするといった、争点を作り上げる必要があります。争点に関する、彼我の見解の相違を明確にすることによって、有権者の関心を高めることができます。これがパンチ力ある市政公約といえます。

(六) 市政公約(争点化)の実例

それでは、どんな争点の作り方があるのか、過去、現職の組織選挙に挑んで勝利した新人候補である私の市政公約(争点の作り方)のケースを紹介しましょう。

大牟田市長選挙(平成一五年)の場合、私が最初に挑んだ選挙の例です。

当時の時代背景と市の現状把握は以下の通りです。

一、市の財政は慢性的な赤字体質で、財政再建団体への転落の危機にあったこと、及び同時期に、同じ産炭地だった夕張市が財政再建団体転落必至であるとのマスコミ報道が全国的に行われていました。

二、炭鉱閉山後も市政運営は硬直化し、行財政改革などは先送り体質が続いていました。

三、現職市長時代に、第三セクターの破たんや公共事業にまつわる贈収賄事件が起こるなど灰色行政が行われていました。

こうしたことをふまえ、選挙で争点化したことは次のとおりです。

一、最優先課題として財政再建団体への転落を絶対阻止するために「聖域なき行財政改革」を断行します。

二、市民主役の行政システムを創造します。そのために「情報公開」をキーワードに、市民に開かれたシステムを構築します。
三、公共事業の入札制度を改革します。
この三点を提示して、具体的な施策や事業を盛り込みました。

六、クリーンな選挙運動のために

(一) 選挙資金の考え方

政党や企業・団体に支援を求めない「草の根選挙」は、選挙資金(カネ)においても特定の団体から政治献金を受けない、といった首尾一貫したスタンスが望ましいと思います。

私は三回の市長選挙と日常の政治活動の費用について、いっさい企業・団体献金は受けず、「自己資金+個人献金」で賄ってきました。このようなことができたのは、草の根ボランティアで活動してくれた多くの市民のおかげです。終始、「しがらみのない」行財政改革を実践するとともに、クリーンな政治活動が貫徹できたのは幸甚でした。

(二) 公職選挙法などの関連法令をあらかじめ習得しておくこと

後援会幹部全員で「絶対違反しない」を徹底しておくことが重要です。

関連法令の主なものに「公職選挙法」と「政治資金規正法」があります。「してはいけないこと」を熟知することは「してもいいこと」を知ることにもなるので、お互いに研究し活動に役立ててもらいたいと思います。

特に、カネにまつわる不祥事があった場合には当選が取り消されることがあるので、十分に注意しておかなければなりません。

七、当選したあとの留意事項

(一) 当選しても「いばらの道」

一般的に、新人が草の根選挙で現職に勝つということは予想外のことです。陣営にとっては胸の透くような快挙である反面、現職に連なる多くの政党・団体の関係者及び議会の与党議員、すなわち旧来の多数派にとっては、やり場のない憤りと新人への反発が渦巻いていることは容易に推察できます。

新人市長としては、いつまでも勝利の快感に浸ることは許されません。初登庁後の市政運営の厳しさに思いを馳せるべきです。選挙の結果を受けて、圧倒的な民意を背負っているという自負と誇り及び責任感を持ちながらも、市政公約で示したワンランク上のビジョンや政策をどのようにして達成できるかを真剣に考えて、慎重に行動しなければなりません。戦時から平時への切り替えを素早くはかることが重要です。

(二) ノーサイド(試合終了)を宣言する

初登庁した日に行う記者会見や職員を集めての所信表明において、これからの市政運営は「ノーサイド」で行うことを内外に宣言します。

「ノーサイド」とは、ラクビー競技で試合の終了をいいます。試合が終わった瞬間に敵味方の区別がなくなることで、戦いのあとはお互いの健闘をたたえ合うという精神です。

国政と違って、地方政治、特にまちづくりにイデオロギーの差はなく、市長と議会の目標は同じ「住みよいまちづくり」です。

私の場合、選挙が終わったあとの記者会見でノーサイド精神を語った翌日、選挙中は敵対していた団体の幹部がわざわざ会いに来て「ノーサイドでよろしく」と、頭を下げたことがありました。

(三) 地元出身国会議員などとの和解

地方分権が進んだといっても、現実には地方交付税や交付金制度をはじめとする財政問題及び道路、港湾、農業などの公共事業などではまだ国や県の影響を受けています。

市政公約に基づき、まちづくりを展開する市長として、どうしても国・県の協力が欠かせない事実と、国(県)政を担当する地元選出議員の立場としても、自らの選挙のことを考えると、地元の市長との友好関係を築いておくことが必要、ということを考えた場合、選挙で敵対関係だったとしても双方の歩み寄りの機会はあるし、地域の振興・発展にとっても大切なことだと思います。

このように、大所高所に立った和解の機会は積極的に演出しましょう。

(四) 初議会に、市政公約の核心部分を議案として提出する

市政公約で争点化した政策や施策の中で、議会の議決を要する事項は速やかに成案化して、市長就任後最初の議会に上程します。

「一〇〇日のハネムーン期間」という言葉があります。これは、新政権の最初の一〇〇日と国民・マスメディアの関係を新婚期(蜜月)の夫婦になぞらえて名付けられました。市政公約で有権者と約束したことは必ず実現するという決意を、「ハネムーン期間」の早い時期に内外に示すのは、今後の責任ある市政運営の推進のために絶対不可欠なことです。

「草の根」市長選挙では議員の大多数が現職を応援していて、新しい与党議員は少数ですので、上程しても否決される可能性は大です。しかし、この場合でも、民意を託されている市長として、否決を恐れず、不退転の決意でもって上程する必要があると思います。

自らの政策実現には「こだわりを持つ」ことが大切で、反対する議会や団体とは「対決は辞さず」の覚悟や気合い(情熱)が政治家としての重要な資質でもあります。

私の場合、「聖域なき行財政改革」を断行する条件整備として、三件の議案を上程しまし

たが、このうち二件は否決され、一件だけが可決されました。可決された議案は、「聖域なき行財政改革」を進めるために提案した「市長報酬を三〇％カットする」だけでしたが、私はこの議案が可決されたことで行財政改革が進めやすくなって良かったと思いました。大牟田市の厳しい財政状況は「必ず再建する」という決意を内外に示す意味で、まず市長自らが先頭を切って痛みを甘受することが絶対に必要であると確信していたからです。

（五）幹部職員人事は能力主義で、慎重に

人事異動は職員にとって最も関心が深いできごとであり、その人事権を握っているのが市長です。市長としては、人事異動で見せる「権力」を行使したい誘惑にとりつかれることがありますが、細心の注意が必要です。

市長が避けるべき人事として、一つは職員の縁故採用であり、もう一つは選挙後の論功行賞的人事です。特に、選挙がらみの論功行賞または報復の意味を持つ幹部職員人事は、職員の間に憂鬱で、暗い空気を生み出します。このような人事が横行すると、職員の面従腹背《めんじゅうふくはい》や集団サボタージュ（怠慢）によって、市長へ正確な情報が上がらなくなります。市長も適切な判断ができない状況が続くこととなり、まちづくりが停滞するのは必至です。

役所の人事は能力主義という原則で行わなければなりません。前任の市長の人事政策が果たして適切だったかについては、十分に吟味する必要はありますが、だからといって市長に

なっていきなり自分の知っている職員を登用することもまた拙速すぎます。

定期異動の時期までに、じっくり幹部職員一人ひとりを観察し、部下から見た上司の評価及び人事担当の専門的な評価を総合的に勘案して、誰もが理解できるような人事を行う必要があります。

新市長として、特に幹部職員の独断専行的な人事は絶対に避けて、能力主義に基づき、冷静な判断をもって行うべきだと思います。

第四章　二元代表制としての地方議会

私は、市長になる前に市議会議員を三期一二年間務めました。当初はサラリーマンから、独特の世界（会派主義や当選回数による年功序列制など）に入って「とまどい」や「違和感」を感じました。「地方政治はやる価値があるのか」「自分はここで何をしているのか」など内心、思い悩む日々もありましたが、結局、道元師の「随処《ずいしょ》に主となれば、立処皆真《りっしょみなしん》なり」の言葉に導かれ、議員として自分の本分を尽くすことを決意しました。

ここでは、議会活動の中で感じたこと、特に石炭対策委員長として歴史的な三池炭鉱閉山に立ち会った経験、及び市長になって「選挙の争点」や重点政策をめぐって、議会と丁々発止のやり取りをしたことなどを述べてみたいと思います。

一、議会の性格と役割

まず、議会とはどういう存在か、その性格と役割について復習しておきましょう。

（一）二元代表制

市長と議会の議員はともに、市民（有権者）の直接選挙で選ばれるので、市民は市長と議員という二元的な代表（「二元代表制」という）を持っています。この仕組みは、選挙された議員が内閣総理大臣を指名する、国の「議院内閣制」とは違う点です。

二元代表制の特徴は、議会が執行機関と独立、対等の関係に立つということです。ともに市民を代表する市長と議会が相互牽制、抑制と均衡によって、緊張関係を保ち続けることが求められています。

（二）議事機関としての議会

議会の権限の中で、最も重要なのは議決権です。議事機関としての議会とは、議会が団体意思の決定機関ということですが、地方自治法はすべての団体意思の決定を議会の議決に関わらせているのではなく、法九六条一項に列挙された事項と、条例で指定された事項について、議決権を行使し、団体の意思を決定します。それ以外の事項については、市長が「自らの判断と責任において」団体の意思を決定するので、議会の議決権は及びません。

（三）監視機関としての議会

議会は、行政執行権を有する市長が行政の執行を適切に行っているかを、相互牽制、抑制によって監視する責務を負っています。特に、予算議決権は、執行機関の行政執行を拘束し、監視するための最も有効かつ広範な権限といえます。

（四）政策形成への議会の関与

議会の政策形成への関与は、市長への要望活動、本会議や委員会での提言、質疑応答、決議さらには議案の修正、否決及び議員提出条例の制定があります。

さらに、議会が市民の請願や陳情を受けて行政の適否を審査し、意見を陳述する活動があります。意見書、決議により政策提言を行う場合には、市長はその趣旨に従って施策を講じることを検討しなければなりません。

二、大牟田市議会の特徴と課題

（一）ミニ国会

私が議会に所属していた頃は、大牟田市が長い間、企業城下町として発展してきたことや「総資本対総労働の対決」で有名な三池争議（昭和三五年）の影響もあって、保守対革新の対立構図が鮮明に残っていました。

その中で、大牟田市議会の特徴の一つは「ミニ国会」といわれる、国レベルの各政党とつながる会派の存在です。

たとえば、私が最初に当選した平成三年の議会の会派構成は、自民党一一名、社会党九名、民社・三交クラブ六名、公明党五名、日本共産党三名で、政党に関係しない無所属は二名だけでした。なお、私を含めて企業推薦の議員二名は、民社党と一緒に会派を組みました。

「ミニ国会」の問題点として、一つに国レベルの緊張関係を地方議会に持ち込む危険性があるとともに、国政選挙では会派ごとに政党の運動員として使われることになって、地方自治の本旨に反することになります。

次に、議会運営上、与野党の対決・攻防が激しくなって、行政執行に支障をきたす場面が出てきます。

また、政党や組織に支持基盤を持たない一般市民の政治参加が難しくなり、無所属議員の当選の可能性を小さくします。

(二) 会派主義

「ミニ国会」の延長線に派生するのが、議会運営ルールとしての「会派主義」です。会派は、政策を中心とした同一の理念を共有する議員の集まりであると定義されますが、この会派主義には一長一短があります。

「会派主義」のメリットは、議会運営の効率化及び会派間での争点の明確化です。同一会派の議員は全員が同じ理念を共有するという前提に立てば、議会としての意思決定の際は、議員一人ひとりの意見を聞くことなく、会派ごとの態度表明があれば事足りるということになって、会議の効率化になるとともに、市民にもわかりやすくなります。

ただし、国会並みに、会派の拘束《しばり》が強すぎると、会派内でもテーマによって意見が異なる事案がある場合は、有権者の負託にこたえる自由な議員活動に支障をきたすことになります。過去にも、会派の決定に従わず反対票を投じ、または棄権した議員が会派から除名処分されることがありましたが、これは地方議会では行き過ぎのケースだと思います。

「会派主義」の問題点としては、国政のテーマによって会派同士が対立し、議会に緊張関係を持ち込むことです。これでは、二元代表制の仕組みが活かせなくなります。

また、会派に属しない少数意見が無視されるという、民主政治にあるまじき欠点があります。大牟田市議会の内規では、「会派は議員三名以上で結成する」とし、一名会派や二名会派は認めていません。

「会派主義」の議会運営は、すべて会派をベースに行われます。極端にいえば、会派に所属しない議員は議会運営に加わることができないというのが実態です。

たとえば、議長や常任委員会委員長などすべての役職人事は実質的に会派中心に割り当てられます。また、議会運営を話し合う代表者会議にも、会派に属しない無所属議員は陪席すらできないルールとなっています。私は行き過ぎた「会派主義」は、民主主義の学校といわれる地方議会になじまないルールだと思います。

三、大牟田市議会、議会改革の取り組み

(一)議会に対する市民アンケート

議会の役割には、「議会の性格と役割」で述べたとおり、

一、行政の仕事に不正や抜かりがないかチェックすること。

二、市民の声を吸い上げて、まちづくりに生かす政策を立案すること。

三、議会の議決や運営について、その経緯、理由を市民に丁寧に伝えること。

など重要な役割があります。

しかし、大牟田市議会が平成二二年五月に実施したアンケート調査によれば、市民の間には「議員の仕事ぶりが見えない」「関心ない」「市民意見が反映されていない」「支援団体(地域や団体)の利益を考えている」「議員定数が多すぎる」など、議会活動の現状に批判的な声が多いのも事実です。また、議会が取り組むべき改革として、「意見交換会の開催や市民意向調査の実施」「議会の審査機能の向上、政策提言機能の強化」及び「議員数・報酬の検討」の三点が断然多く指摘されています。

（二）議会改革の取り組みと市議会基本条例の制定

大牟田議会では、議会に対する市民世論の高まりに対応するために、平成二一年五月に議会改革特別委員会（以下、「委員会」という）を設置しました。委員会では、まずは先に述べたアンケート調査結果の公表をするとともに、議会改革のポイントを盛り込んだ「市議会基本条例」の内容を検討、平成二二年一二月の定例議会に提案し、全会一致で可決しました。

議会改革の主な内容としては、

一、議会として政策提案機能を強化するために、会派横断の「政策等調整委員会」を設置することとし、まずは、総合計画を法九六条第二項に基づく条例上の議会の議決事件として位置づけ「政策等調整委員会」で審査する。その他の重要政策についても、全会一致での決議で当局へ提案または要望することとする。

二、本会議の質問方式では、論点を明確に、わかり易くするために「一問一答方式」と「市長からの反問権」を新しく導入する。

三、議会報告会を毎年開催する。市民に対して、議会活動の報告と意見交換をする目的で、議員全員が交代で地域（全八会場）に出向いて議会報告会を実施する。

このほかに、

四、議員定数・議員報酬のあり方の検討

五、議員研修会の定期開催

六、行政視察のあり方

などが挙げられます。

(三) 議会改革度ランキングで上位に

早稲田大学マニフェスト研究所の議会改革度ランキング(*)の発表によると、大牟田市議会は平成二五年度で四〇位(一四四四議会)、二六年度は八一位(一五〇三議会)となっています。一定の高評価が得られていますが、これは大牟田市議会が平成二一年度の委員会設置以来、取り組んできた様々な改革や改善が功を奏していると考えています。

(四) 行政サイドからみた議会改革の課題

他方、行政サイドからみた議会の改革度はまだいくつかの課題があると考えています。

本会議の運営について、「市長等の反問権」が導入されていますが、これを発動するには、「議長の許可」を得る手続きが必要であることと、反問の内容は「質問の趣旨を明確にする」ことにとどまる、ということです。自由に反問・反論ができるようになれば、双方に緊張感が生まれ、もっと活性化すると思います。

政策等調整委員会で、会派にこだわらない自由な議論ができることは、従来にない前進だと思いますが、往々にして市民受けする決議(ポピュリズム)が採択される傾向にあります。

もっと政策の中身や費用対効果なども考慮した責任ある議論が必要だと思います。

また、私の在任中のできごとで残念だったのは、平成二三年一二月定例議会において、全会一致で決議された「世界遺産登録推進事業に関する決議」です。

当時、世界遺産を推進することに関して、市民世論は賛否両論に分かれていました。反対の理由として「美しくもなく、日常見慣れた古い炭鉱施設が世界遺産になることは想像できない」「そういうものに貴重なお金を使うのはムダ遣いだ」ということでした。

しかし、私は、かねてから「三池炭鉱資産は必ず世界遺産になる。大牟田が世界遺産のまちとして認められることは、市民の誇りとなり、まちづくりにもつながる」と、市民や議会に対しても熱く訴えていました。

決議の内容を要約していえば、「三池炭鉱関連資産の世界遺産本登録は必要であり、引き続き進めていくべきであるが、厳しい市民意見を踏まえると、本事業の予算は最小限に抑えるべきである」という内容でした。まさに、ポピュリズムの典型で、「世界遺産は進めよ、しかし金は使うな」という二律背反（自家撞着）的な決議です。

この「なるだけ金を使うな」という決議によって、担当職員は四面楚歌の取り組みを余儀なくされました。職員自らの手で、またはボランティアにお願いして世界遺産、関連資産の整備作業などを行い、世界遺産登録の重要な関門である「イコモス現地調査」を辛うじて乗り切ったことがありました。また、この決議は、世界遺産登録後に激増した来訪客に対応する事前の取り組み（ハード・ソフトの整備）が、十分できなかった原因にもなりました。

議会改革の成果として、市議会でも毎年市民向けの議会報告会を開催されるようになりましたが、この報告会の場では、市民からの質問や厳しい意見が出されます。これに対応するために、議会は事前準備として想定質問集を作成されるのですが、この作成や懇談会で出された意見、要望に対する答弁書などを行政側に丸投げしているのが実態です。本来なら議会事務局を指揮して自前で行うのが、二元代表制の趣旨だと思います。

会派制の問題としては、議会基本条例では「議員は、議会活動を行うため、会派を結成することができる」（第五条）として、会派至上主義が受け継がれるとともに、同条第三項には「会派は、政策等について、会派内の論議、会派間での意見の調整を行い、議会としての合意形成に努めるものとする」と定めています。

会派制のメリット・デメリットについては前述しましたが、会派結成の前提条件を内規で議員三人以上としているので、無所属議員（平成二八年現在、無会派の無所属議員は五名）は重要な政策論議などに参加できないという不条理があります。今後、議員三人以上とする会派結成の内規を緩和して、無所属議員が議会運営に参加できるルールにした方が、民主政治を担保するためにも良いと考えます。

四、三池炭鉱閉山に関する議会の取り組み

平成九年三月三〇日、明治以降の国の経済近代化そして戦後復興に大きく貢献するとともに、大牟田市発展の原動力となった三井三池炭鉱が閉山して以来、平成二七年で一八年が経過しました。当時、本地域が一丸となって取り組んだ閉山問題に、議会としてどのような対応をしたかなどを知る議員は皆無となりました。

私は、平成七年から一一年四月まで石炭対策特別委員会（以下、石特委という）委員長を務め、議会を代表して閉山問題に対応しましたが、歴史的な閉山に立ち会った大役でした。

(一) 三池炭鉱の地域への貢献度

大牟田市の人口の増減と出炭量の推移は相関関係があります（四ページ参照）。明治二二年、三井組による三池炭鉱の経営開始以来、出炭量の増加に比例して大牟田市の人口は伸び、昭和一六年には約一八万人になり、同三四年に二〇万八八八七人と過去最大の人口を擁しますが、炭鉱閉山後は人口減少が継続しています。

人口減少の元凶は、昭和三六年、石油輸入自由化による「石炭から石油へ」という、国のエネルギー政策の転換によるもので、大牟田市だけでなく、全国各地の炭鉱が次から次へと

■図5　三池炭坑模式断面図

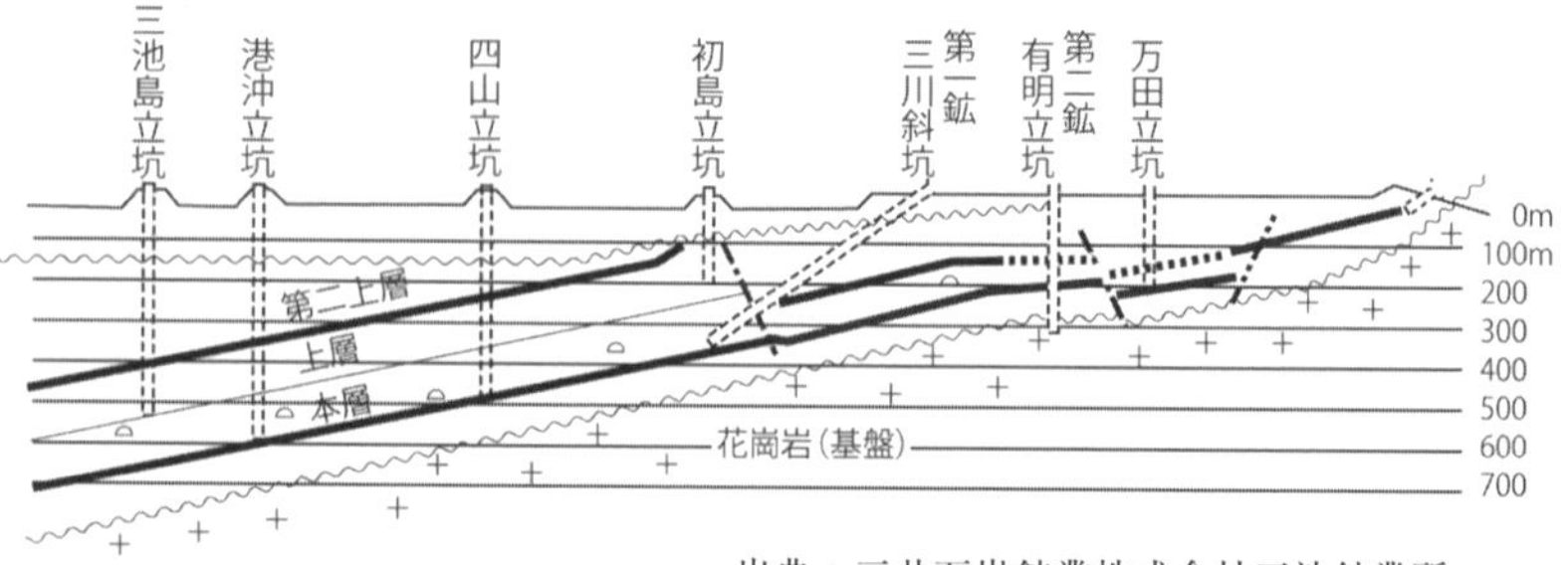

出典：三井石炭鉱業株式会社三池鉱業所
「三池炭鉱概要」

●三井三池炭鉱　直轄従業員・約1200人／平成7年度出炭量・227万トン／創業以来採掘した石炭量・約2億8700万トン／未採掘量約6億2600万トン／三池炭田は有明海の湾奥部と沿岸地下にあり、鉱区は大牟田市・高田町・大和町・荒尾市・佐賀県下に分布している。（三井鉱山株式会社調べ）

閉山に追い込まれ地域が衰退していきました。

私が石特委員長になった時は、すでに「最後の石炭対策」が実施されていました。この政策の考え方を一言でいえば、「九〇年代を構造調整の『最終段階』と位置づけ、（略）国内炭の段階的縮小を図る」というものです。この「最後の石炭対策」は、もともと維持存続を図るという前提で書かれていません。

(二) 閉山の理由

会社は、閉山の理由として、経済的な採掘可能炭量の枯渇、収支の慢性的赤字、会社経営の悪化の三つの理由を挙げました。有明海の地下に眠る埋蔵炭量、約六億トンを残しての閉山でした（図5参照）。

(三) 議会としての取り組み

三池炭鉱の閉山が切迫した問題として取りざたされるようになると、石特委には各会派の幹部クラスが委員に名を連ねる中、私が委員長に選任されました。

石特委では、従来から「三池炭鉱の維持存続」と「産炭地振興（以下、「あらかじめ対策」という）」の二本立てで、国への要望活動を展開していました。「あらかじめ対策」とは、産炭地特有の言葉です。炭鉱が閉山したあとの地域への影響を最小限に止めるために、閉山前にあらかじめ産炭地振興対策を講じる、という意味です。したがって、「あらかじめ対策」とは、「閉山」が前提の政策ともいえます。

平成八年一二月一九日の地元新聞のトップ記事に「三池炭鉱、来年三月末閉山」の記事が掲載されました。早速、石特委において関係先へ情報収集を行った結果、「閉山ありうる」との感触を得、多くの委員から「閉山を想定した検討が早急に必要だ」との意見が出されました。

そこで、私は石特委員長として、議論を整理する必要性から、以前から思っている提案をしました。それは、「三池炭鉱の維持存続」と「あらかじめ対策」は相矛盾（自家撞着）する政策要求だから説得力に欠ける、石特委としてどちらかに絞って検討したい、ということです。

翌年一月一四日に石特委を開催。冒頭、共産党会派から「『三池炭鉱の維持存続』の旗は降ろすべきでない」との意見が出されました。これに対して、自民党、社会党、民社・三交クラブの各会派からは「閉山を阻止する戦略・戦術がない現状では『あらかじめ対策』の取りまとめを早急に行うべきだ」との意見が出されました。

私は、今後の議会活動の根幹に関わる問題と認識していたので、すぐに採決することはせず、委員各位に対して、会派にこだわらず自由な討論をやるようにお願いしました。そして、長時間の議論の結果、共産党会派の意見は意見として理解するが、閉山が差し迫っている現状では「あらかじめ対策」の審査に入ること、及び今後の閉山問題では全会派統一行動で対処することを確認しました。

その後の石特委は当局提案の「あらかじめ対策」の審査を行いましたが、内容が不十分との意見が相次ぎ、会派に持ち帰って検討する状況が続きました。

二月五日の石特委において、最終的に、三六項目の緊急対策と一七項目の地域振興対策などを確認しました。そして、この五三項目は、閉山と引き換えにした国や県への対置要望項目「三井三池炭鉱閉山対策（あらかじめ対策）」として公式に取りまとめられました。

遂に、三月三〇日の閉山が決定したことを受けて、大牟田市では、行政、議会をはじめ経済界・労働界の代表など、全市民が一丸となって、国はじめ関係機関に対して「あらかじめ対策」の実現を迫る行動を展開しました。

なお、国においては、この「あらかじめ対策」に深い理解を示されました。特に、当時の橋本総理大臣からは、前例のない、「三井三池炭鉱の閉山対策に関する総理ご指示（平成九年三月一三日）」がなされ、産炭地域振興関係省庁等連絡会を中心に、一省一プロジェクトという国の取り組みにつながりました。

平成二八年で閉山後一九年を迎えました。当時提案した五三項目の閉山対策「あらかじめ対策」の中の地域振興対策事業は、いずれも産業構造の転換を目指す、大牟田市まちづくりの骨格となるプロジェクトです。これらが、その後どのように推進されてきたか、分析・評価した資料（「閉山対策の総括」など）があります。

それによると、一部にまだ未達の事業は残るものの、ほぼすべてのプロジェクトが完成をみているという評価がなされています。これは、当時の行政・議会・各種団体あげての取り組みと国・県の力強い支援の賜物であることを銘記しておく必要があります。

(四) 閉山に関する地元マスコミの反響

○「有明新報」（平成九年二月一八日）

日本の炭鉱のシンボルだった三池炭鉱の閉山が一七日、正式に提案された。稲荷山で初めて燃える石＝石炭が発見されてから五二八年、官営三池炭鉱がスタートして一二四年――。日本の近代化推進の原動力となり、戦後復興を支えてきた輝かしい歴史とともに、戦後最大の三川鉱災害や三池争議という数々の危難もくぐり抜けてきた三池炭鉱の大牟田での石炭採掘の歴史が、遂に終焉《しゅうえん》する。大牟田の現在ある姿は石炭があったからこそ。そして大牟田の未来の姿は、石炭に代わる新しい地域産業の創造への、われわれの必死の努力の先に見えてくる。さようなら、そしてありがとう！　石炭……。
○「西日本新聞」（平成九年二月一八日）
名実とも日本の石炭を象徴してきた炭鉱の消滅は、国内炭の石炭産業を手厚く保護してきた国策が限界に達したことを意味する。国の石炭政策でかろうじて延命してきた三井三池鉱。一貫して国内最大規模を誇りながら、国策を抱える矛盾を一身に背負いこんできた栄光と悲劇のヤマだったといえるだろう。

国際競争力を失った国内炭は本当にもう必要ないのか。それとも国内唯一の貴重な資源として国民がコストを負担してでも守るべきなのか。三池鉱の閉山は、国が明確に判断することを周到に避けてきた命題に最終的な決着をつけるよう鋭く告発している。

五、市長としての議会対応について

（一）二元代表制による市長と議会の関係

二元代表制のもとで、市長と議会の関係は、相互の抑制と調和によって地方自治の公正かつ円滑な運営を実現するというものです。

しかし、現実には、両者の意見が対立して暗礁に乗り上げ、通常の話し合いで解決できないことがあります。このような場合には、現行法では、議会と市長が相互に相手方の活動を

■図6　市長と議会の関係

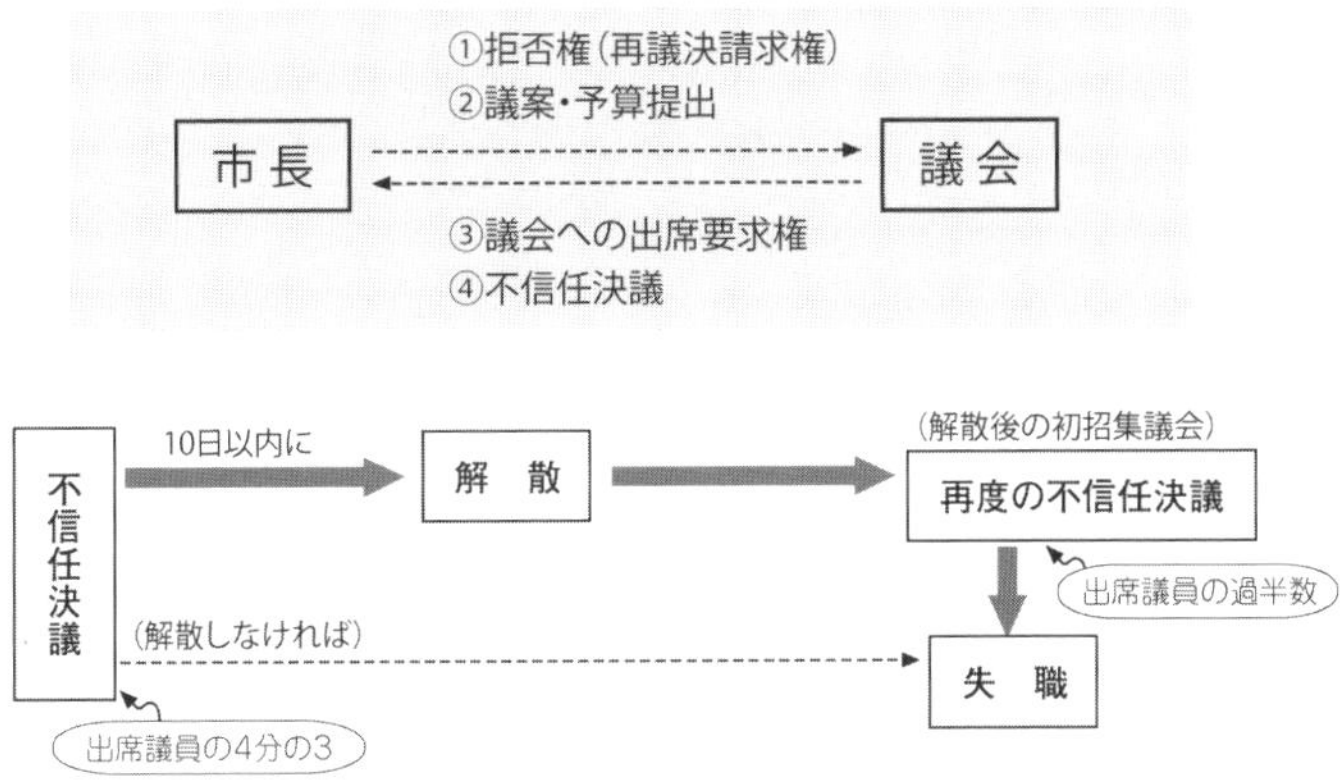

牽制することによって、また最終的には住民の意思によって解決することとされています。

このための制度として、市長の拒否権と、議会の市長に対する不信任議決権及びこれに対する市長の議会解散権の制度が設けられています（図6参照）。

市長と議会との間の調整が困難な場合、最終的には住民の判断に基づくということが重要です。特に、予決算や条例などの重要議案は、議会が否決したからそれで終わりということでなく、市長が住民に信を問うことができます。

（二）「草の根」市長と議会の緊張関係

地方自治法では、九六条一項に列挙された一五項目及び同条二項に定められた議案は、議会の議決を得なければ、市長は政策を推進することができません。

私は「草の根」で当選した市長ですので、議会では少数与党です。第一期目は、与党議員は議員総数三〇名のうち僅か四名だけでした。特に、市民や職員に不利益を強いる行財政改革に関する議案を通すには、野党議員の抵抗や反対が生ずることを覚悟しなければなりませんでした。少数与党の議会では、合意形成の難しさがあります。

しかし、市政公約に掲げた財政再建のためには「聖域なき行財政改革」や「行政体質の改善」に関する施策は、何としても実現しなくてはなりません。

私は、「選挙に勝って市長になった」「民意は私にある」と常に自分に言い聞かせ、たとえ議案が否決されたとしても必ず市民が支持してくれるという、強烈な自負を持って市政運営を進めてきました。基本的に、市民が納得すれば、議会が反対する理由はなくなるという考え方で、市長在任の一二年間を通してきました。

その後、議会側も、住民を味方につけるために議会改革を行い、定期的に議会報告会を開催するようになったことは、市政の民主化につながり、二元代表制の趣旨から良いことだと考えます。

市長に初当選した一期目の議会は、毎回ガチンコ議会でした。

ここでは、当選したあとの初議会、平成一五年一二月定例議会でのやりとりを、議事録に基づいて再現してみたいと思います。

先述したとおり、この議会に、市政公約に掲げた政策や施策のなかで条例改正として議決が必要な三つの議案を上程しましたが、一つの議案（「市長給与三〇％カット」）が可決され、残りの二つ（助役廃止、市長室設置）は否決されました。

〝マニフェスト議会〟開幕

古賀市長が所信表明と提案理由説明

先月実施された大牟田市長選挙で初当選した古賀道雄・新市長が初めて招集した市議会定例会が十五日開会した。同市長は議案の提案理由説明に先立ち、所信を表明。選挙中に訴えた六つの危機を克服する大牟田再生プログラムについて、「具体的な施策を図っていく」と決意を表した。今回提案された十三件の議案・報告の中には古賀市長がマニフェスト（市政公約）で掲げたものを実現するための三つの条例制定議案が含まれており、さらに質疑・質問でもこのことに質問が集中しそうで〝マニフェスト議会〟と位置付けられそうだ。

ガチンコ勝負〟の質問戦

大牟田市議会定例会

3議員が市長の政治姿勢聞く

長が誕生して初めての大牟田市議会定例会は十八日から質疑・質問が始まった。市長を支のがおおむた・市民党の四人だけと少数与党での質問戦に古賀道雄市長が答弁に窮する場った。質疑・質問の二日目の十九日は北岡恭子議員（共産党議員団）、田中琢美議員（自民党・員団）が代表質問、三宅智加子議員（公明党議員団）が一般質問する。【2面に関連記事】

1期目の議会の様子を伝える地元紙「有明報」（上、平成15年12月16日。下、12月19日）

新市長の方針に〝待った〟

助役廃止、市長室新設を否決へ

大牟田市議
総務委で態度

大牟田市議会定例会は二十四日本会議を休会、総務、教育厚生、経済環境、建設の四常任委員会が開かれ、付託された議案、報告、請願の審査を行った。総務常任委員会は市長給与三〇％カットの条例制定案は可決すべきものとしたが、市長室の新設と助役廃止のものとした。また、（仮称）南橘住宅公営住宅新築工事の請負契約締結三

市長給与30％カットは可決の見込み

古賀道雄市長が今定例会に提案しているのは議案十二件と報告一件。こうち、市長給与三〇％

計課長に担当させるべき」や「助役を否定してゼロからスタートすることは納得できない」、また条例案に「当分の間、助役を

会派ごとの態度で、自民党・三交団、公明党議員団、共議員団は助役廃止と室の新設は否決。おた・市民党は全議

二・〇％だったことから、市契約検査室は不自然に思い、入札参加全

市民の本音欄

今回の大牟田市議会を見ていると、一部の市議会議員の皆さんは、本気で大牟田市の行財政改革に取り組んでいるとは到底思えません。

その一つは、収入役の人事を拒否された事です。今までは市役所出身の者が、このポストを独占してきたようですが、古賀市長は民間からの

議員として、この「市民の本音欄」で堂々と述べてください。私は民間からの登用は、今までと違った角度から新しい視点で市の財政にメスを入れる事が出来ると思います。古賀市長さん、今議会で再度提案して下さい。私は大賛成です。

次ぎに荒尾市議会は、行財政改革に議会としての対応

長交際費の削減などいろいろあるようです。そうして前田議長は「議会としても出来る限りの事はする。議員定数の見直しも検討していく」と述べています。行財政改革に市役所と議会が一体となり

取り組もうとしている姿勢が見られます。

これに比べ大牟田市議会はどうでしょう。これから論議されると思いますが、おお

案を打ち出しているだけです。提案される前に各政党各派なども論議すると思いますが、その決意は聞こえてきません。行財政改革に対して議会から「自分たちも身を削るんだ」という熱意が伝わってきません。大牟田市民としては悲しい事です。

古賀市長が提案され「る「助役廃止」「市長室新「収入役人事」など、一度せてみてはどうでしょ

あきれた大牟田市議会

1期目の議会の様子を伝える地元紙
「日刊大牟田」（平成15年12月25日）

また、この議会では、私の市政公約の特定の文言――「不作為」が集中攻撃を浴びましたので、まず、どういう文脈なのか、市政公約から引用します。

一、大牟田市の財政状況は慢性赤字体質で、平成一七年度末には約七七億円の損失が見込まれ、財政再建団体への転落が必至です。

二、平成七年以降、市債残高は増加（三七一億円から五六六億円）を続けており、公債費がかさみ、財政悪化の大きな原因となっています。

三、市町村合併や行財政改革などに関して、前市政の不作為（何もしないこと）が継続しており、また贈収賄事件の発生や一部の職員の業務対応などに、市民から行政に対する不信の声が高まっています。

次に、この文脈に対する野党議員との質疑応答です。

質問①：市政公約の中で、前市長の「不作為」が継続しているとあるが、前市長は行財政改革に取り組み、四六億円の削減を行うとともに、今回も緊急三か年計画を作られている。「不作為」という文言は取り消されるべきだと思うが、市長の考えはどうか。

答弁：今までのやり方を変えないと大牟田市の再生と発展はないという危機感があって、「不作為」という言葉を使っています。前市長が頑張られたことは評価するが、それでは大牟田市のこれからの改革はできないということです。

質問②：「しがらみのない改革」とはどういうものか。今まではそうではなかったのか。

答弁：私は、大牟田市が直面している危機を乗り越えるために、「草の根選挙」で戦いました。これからの市政運営は、真に市民の利益に基づく、市民に開かれた「市民主役の行政」をやるという意味です。

質問③：不祥事や腐敗の温床となる利益集団などの働きかけによる違法行為は断固排除する、とあるが、意図するものは何か。

答弁：過去の市政の中で現に、不祥事が起きています。行政の場が政・官・業の利益追求の舞台とならないように、これらの団体の違法行為は断固排除するという私の意思表示です

質問④：行政改革で歳出の四五％を占める扶助費や人件費などを対象とするということだが、どのようにして減らすのか。

答弁：財政の破綻を防ぐには、もっと大きな改革が必要です。歳出の半分以上を占める義務的経費（人件費・公債費・扶助費）に手を付ける状況にきていると認識しています。

質問⑤：前市長の業績を高く評価する会派として質問するが、まず、「不作為」といわれる前市政は何をしてこなかったのか。次に、ムダな公共事業とは何だったのか。

答弁：結果的に、市町村合併では大牟田市がひとり取り残されているし、行財政改革では赤字のたれ流しで財政破綻の状況を迎えています。こういう状況を「不作為」と表現しています。次に、ムダな公共事業とは、行政経費を投資した事業が、結果的に住民サービスの

向上につながっていないことをいっています。ムダな事業の典型は失敗したネイブルランド事業だと思います。

質問⑥：前市長は一所懸命やってこられた。「不作為」という表現は取り消してもらいたい。

答弁：結果的に、現在大牟田市が大きな危機に瀕していることは、前市長の「不作為」があったと思っています。

質問⑦：選挙期間中に開催された集会で市政公約が配布されたと聞くが、違法ではないか。選挙管理委員会の見解はいかに（選管事務局は「事実の把握ができないが、頒布の形であれば違法」と答弁した）。

答弁：後援会の幹部によれば、希望者が勝手に持っていったということなので、頒布したとの認識はなく、公職選挙法違反ではないと考えています。

以上のように、市政公約の中の特定の文言に対して質問が集中しました。特に、「不作為」に関しては、共産党会派を除くすべての野党議員が繰り返し、執拗に質問するとともに、撤回の要求を繰り返しました。野党会派間での連携プレーで、私に撤回を迫ったのではないかと推測されますが、反面、それだけに市政公約（マニフェスト）が選挙運動に効果があった証左でもあります。

なお、質疑応答の最終日は、「不作為」と選挙違反問題で、発言の修正と休憩が繰り返し行われた結果、議事の終了時刻が翌日の午前三時だったことも、今では貴重な思い出です。

(三) 労働団体からの辞任要求

議会が終了した数日後、労働団体(連合)から面会の要請があり、「公職選挙法違反の疑い」に関する質問状が、私に直接手渡されました。その内容は「選挙期間中の個人演説会で、参加者が市政公約を持ち帰ったことが、公職選挙法第一四二条(文書図画の頒布)に抵触するのではないか。仮に不測の事態になった場合、市長自身の進退をどのように考えているか、態度を表明されたい」ということでした。

これに対して、「市政公約は直接手渡したのではなく、代表者の方が、希望者に配布するために、自らの意思で持ち帰ったものであって、まして不特定または多数人に目的をもって配布したものではありません。したがって、公職選挙法でいう『頒布』にあたらないと考えています。

次に、違反していない根拠を問われていますが、もともと訴えるものが事実に基づき、その証拠を示すべきであって、全く違反していないものが違反していない証拠を示すのは、法理論上大変難しいこととされています。ただ、この件に関する文書違反の警告など、当局からの指摘は一切受けていないことは申し上げておきます」という内容で文書回答をしましたが、その後当該労働団体からは全く音沙汰ないままで、質問状の真意は依然不明です。

このように、当選後の初議会は私と議会との間には一触即発的な、険悪な雰囲気で終始しました。市長選挙で袂を分かったという政治的な理由はあるものの、かつての同僚議員が、多数野党の力を借りて、これだけ感情的に反目し、かつ執拗な批判、誹謗中傷をするのか。私は、予期せぬ敗北に激情した集団心理を改めて思い知らされたできごとでした。同時に、数は少ないが、四人の与党議員には終始、心のこもった叱咤激励をいただきました。彼らの誠に力強い支持・支援があったからこそ、私は嵐の中の議会を何とか通過できたと思っています。

しかし、草の根選挙で当選した新人市長は他都市においても、ガチンコ議会を少なからず体験しているようです。このような粘っこい世界が政治の現実かもしれません。

(四) 地元経済団体が「行財政改革推進を求める請願」を提出

平成一八年は、同じ産炭地だった夕張市が財政再建準用団体(*)に決定、全国的に大きな反響を与えました。

一方、大牟田市の財政状況は「三位一体改革(*)」による地方交付税の減少などによって五年連続の赤字決算を計上するとともに、財政計画によるとさらなる大幅な実質収支赤字が見込まれることなどが明らかになり、マスコミには「第二の夕張」と喧伝《けんでん》されていました。また、ガチンコ議会は一段落したものの、多数野党議会の中では冷戦状態が継続していて、市政運営は思うようにはいかず、停滞しがちになっていました。このような現状を打破すべく、三井大手事業所を含む地元企業で構成する大牟田経済倶楽部（昭和二五年設立の任意団体）が行動を起こしました。

平成一八年一二月、「大牟田市が第二の夕張にならないために、行財政改革のなお一層の推進を求める」請願書を市議会に提出しました。請願の骨子は、
一、行財政再建計画を緊急に策定し市民に公表すること。
二、財政再建準用団体への転落を阻止するため、ボーナスのカットなどを含む夕張市並みの人件費削減を早急に実施すること。
三、議会・議員は党派を超え一丸となって行財政改革と再建に取り組むこと。
四、行財政改革に関する労使交渉の場を市民に公開すること。
五、人事制度を刷新し、人事評価制度の導入を図ること。
六、請願事項についてはその趣旨を踏まえ、市長の強力なリーダーシップのもと、問題を先送りすることなく、火急かつ迅速に実施すること。

など、具体的かつ真摯な内容でした。

さらに、請願書の最後に「私たち大牟田市民にとって、旧産炭地として夕張市の惨状は他人事ではありません。職員の皆さんも、この苦境を乗り越え、明日の大牟田の発展を目指し、断固として夕張市職員の二の舞を演じることだけは避けていただきたいと思います。

市議会におかれましては、党派を超え、市長とともに、大牟田全市民の負託に応えるため、全力を傾注していただくようお願いいたします」と結び、市長・職員・市議会が一体となって抜本的な行財政改革を進めるよう要請しています。

この大牟田経済倶楽部は、地元有力企業が自主的に結成した任意団体で、これまでも市民ニーズに即した様々な地域振興策の提言や、議会に対して議員定数削減要請などを節目に行ってきた実績があります。各会派の議員（一部）も支援を受けていて、議会にも一定、影響力を持った経済団体です。

私は、この要請を真摯に受け止め、抜本的な行財政改革として、平成二〇年八月に公表した「財政健全化計画」の策定に全庁挙げて取り組むことにしました。

ここでも市民（団体）の建設的な意見と冷静な判断が、議会や市職労との冷戦状態及び市政の停滞を緩和してくれました。

そして、私が二期目、三期目の市長選挙を圧倒的な票差で勝ち抜いていくたびに、次第に議会の反発が和らいでいきました。まさに、選挙に勝つことで、有象無象の異論・反論を一挙に抑え込むことができるということが証明されたと思います。

本来の市長と議会の関係――「相互抑制と調和」に戻ることができたといえます。

第五章　職員の意識改革と行政組織の再編

一、組織風土の改革に関すること

(一) 職員の意識改革と公務員文化の見直し

私は議員時代から、職員の仕事に対する意識が一般社会と乖離している点として「コスト意識」、「時間意識」、「c」の三つをあげ、是正すべきだと批判してきました。

しかし、行政改革の観点に立てば、「組織文化」からの影響を受けているので、「職員の意識改革」を図るためには、同時に「組織文化」の現状を検討することが必要です。

そこで、私の一回目の選挙で示した平成一五年の市政公約では、職員の意識改革に関して、次のような内容を掲げていました。

一、職員が生きがいをもって職務に専念できる職場づくりのために、旧態依然たる職場慣行があれば見直します。

二、管理職に目標申告制度、職員に提案制度を導入し、「自己の職務上の課題の把握と整理」や行政の効率化、公共サービスの向上及び職員のモチベーション（動機づけ）向上につながるように庁内の趣旨徹底を図ります。

三、職員研修のいっそうの充実・強化を図り、職員を対象に、「市民全体の奉仕者」として公平・公正で効率的な行政サービスを行うための、心構えと意識改革及び政策形成能力の向上などに取り組みます。

四、インセンティブのある（刺激性のある）人事制度、能力主義に基づく給与制度、昇任制度の導入を図ります。

私は、市長在任の三期一二年間にわたって、公約に掲げた組織文化を変える取り組み――組織風土改革や新たな制度の導入などを推進してきました。順を追って、これまでの取り組みの内容や組織文化の変遷をたどってみたいと思います。

(二) 職場風土改革の必要性

市長に就任した直後に、主査・主任会長から「新しい時代の主査・主任制を考える調査報告書」を手渡されました。当時、大牟田市役所主査・主任会では、主査制導入三〇年目を迎えて、庁内の主査・主任二七三名を対象に、組織風土に関するアンケート調査（回答率八七・三％）を行っていました。

この調査結果はかなり衝撃的な内容になっていて、私は改めて、硬直的な役所組織の問題点を痛感しました。

最もショックを受けた項目は、

「課長職が昇任試験で決まる場合、あなたは受験しますか」の問いに、「自ら進んで受験する」は僅か七・八％。「当分の間、受験しない」と「絶対に受験しない」が合わせて七三・七％に達していること。

さらに、次の設問で、

「『当分の間、受験しない』（四一・八％）とした理由は何ですか」の問いに、「課長職に魅力を感じないから」が四三％でダントツだったことです。

「大牟田市の組織全体を活性化するためには何が必要と思いますか（二つまで回答可）」との問いには、「個々の職員の目標と組織の目標を明確にする」が二五％、「仕事を適切に評価する」が二二％、「部局、部署など、横の連携を図る」が一九％、「市議会、関係団体、労働組合などとの必要以上の調整や協議をなくす」が一六％と続いています。

このアンケート調査に回答した主査・主任は、業務に精通した中堅以上の職員ですので、その結果は、現状における市役所の組織及び職員像の姿を映し出していると思われます。

実務の中心ポストである主査職で、七割以上が管理職になりたくないという組織の実態に対して、民間出身の私には想像することができず、主査・主任会長に思わず「腐った組織だね」と口走ってしまいました。しかし、同時に勇気づけられたことは、③の問い「組織全体を活性化する方策」として、「目標」と「評価」の重要性や職場風土、特に「コミュニケーション」向上の必要性が回答されるとともに、全職員の参加による組織の活性化が示唆されていることです。これは、私の市政公約に通じるものがあり、今後の取り組みに明るい兆しを感じました。

(三) 組織風土調査の内容と人事制度改革

そこで、苦しい財政状況の中ではありましたが、一六年度予算に「組織風土調査（モラール・サーベイ）」費用を計上し、専門コンサルタントに依頼して全職員（一六六三名）を対象とした調査に取り組みました（回答率九七・六％）。

その結果、市役所の組織実態がいっそう鮮明になりました。職員間のコミュニケーション不足が浮き彫りとなったほか、職場への否定的意見が四割にも上り、「お役所」「組合体質」への批判的な意見が多く出されました。

調査結果を要約すると、

一、組織運営で重要な「目的達成機能」「貢献意欲」「コミュニケーション」の三項目の充実度は、総体的に低い点数だが、なかでも「コミュニケーション」は二・七点（五点満点）と最も低く、「組織の公式の伝達回路や責任体制が十分に機能していない」と結論

市役所は「親方日の丸病」

市職員4割 職場に不満

大牟田市調査 「対話不足」指摘も

職員アンケートで職場への否定的意見が4割に上った大牟田市役所

大牟田市は全職員を対象に職場の問題点ややる気を探るアンケート「組織風土調査」の結果を公表した。職員間のコミュニケーション不足が浮き彫りとなったほか、職場への否定的意見が四割にも上り、「お役所」「組合」体質への批判的な声も上がった。行政改革を進める同市はこれを基に今後、新たな人事制度を作る方針。

調査は八月に、全職員千六百六十三人（臨時、嘱託を除く）を対象に実施（回収率98%）。給与や作業条件を問うたほか「私の職場は―」「市役所の良い(問題)点は―」と書き込む方法などで労働意識を分析した。

その結果、組織運営で重要な「目的達成」「貢献意欲」「コミュニケーション」の三項目（いずれも五点満点）の充実度はコミュニケーションが二・七点と最低で、「組織の公式の伝達回路や責任体制が十分に機能していない」と結論づけた。

私の職場は―の問いには「親方日の丸病にどっぷり感染」（部次
「人事のゴミ箱」
職・主査級）「毎
に追われ心身とも
なりそう」（技術職
と否定的意見が四
三件（39%）で、
意見の四百二件（
を上回った。

市役所の問題点
は「組合が強過ぎ
政経営の意識が浸

組織風土調査の内容を伝える地元紙
(平成15年12月「有明新報」)

づけている。

二、「私の職場は」の問いでは、「親方日の丸病にどっぷり感染」（部次長級）、「人事のごみ箱」（事務職・主査職）、「毎日仕事に追われ心身とも病気になりそう」（技術職・同）と否定的な意見が四三三件（三九%）で、肯定的意見の四〇二件（三六%）を上回っている。

三、「市役所の問題点は」の問いには、「組合が強すぎる」「行政経営の意識が浸透していない」と、お役所意識や組合体質など組織運営への不満が全体的に見られ、最多の三〇四件（二九%）となっている。

また、危機的な市財政を反映して「赤字、貧しい、貧乏」（技術・一般職）、「財政の厳しさが分かっていない。もっと経費削減を」（課長級）と、財政難を憂える声も一四四件（一四％）ありました。

(四) 人事・人材育成トータルシステム

大牟田市では、これらの定量・定性データに基づいて、「方針」、「組織マネジメント」、「人事制度」及び「職場風土」の四つの観点から、改善策を策定する組織として、「人材育成基本方針策定委員会」を設置して、新たな人事制度などを作ることにしました。同委員会は、「人材育成」を中心にとらえた「人事・人材育成トータルシステム」を構築し、平成一七年度から運用開始しました。

目指す職員像は「自立創造型プロ職員」。そして、その育成を図るために、「職員が育つ職場風土」「職員が伸びる職員研修」「職員が活きる人事制度」を柱に、これまで二五の施策に段階的に取り組んできました。

主な取り組みとしては、

一、全職員を対象とする人事評価制度の本格実施
二、管理職を対象とする評価結果の給与への反映
三、業務改善運動の推進

四、管理監督職のマネジメント力の強化
五、自己申告制度の導入
などを実施しています。

そして、これまで取り組んできた「人事・人材育成トータルシステム」の実施によって、職場や職員の意識がどのように変化したかを明らかにするとともに、新たな課題を抽出するために、平成二五年六月に職員全員を対象に「職場・職員意識調査」を実施しました。

(五) 平成一六年度、二五年度調査結果の経年比較

調査方法は、平成一六年度の調査と同様にF・ハーズバーグの二要因理論(*)(動機づけと衛生理論)に基づき、アンケート方式で実施しました。

平成一六年度と二五年度調査結果とを経年比較した数値をグラフ化したものが、図7です。なお、調査した専門コンサルタントが総括としてまとめた文章がありますので、引用して記述します。

「二〇年度以降も様々な施策に取り組んできた結果、現在の大牟田市の職場風土は、一六年度に実施した『モラール・サーベイ解析結果報告』の時と比べて、衛生要因及び動機づけ要因の一〇要因すべてで欲求実現度が上昇し、良好な職場環境の構築や、職員のやる気の向上が図られつつある状況を示す結果となっています。

■図７　欲求重要度（衛生要因・動機付け要因）

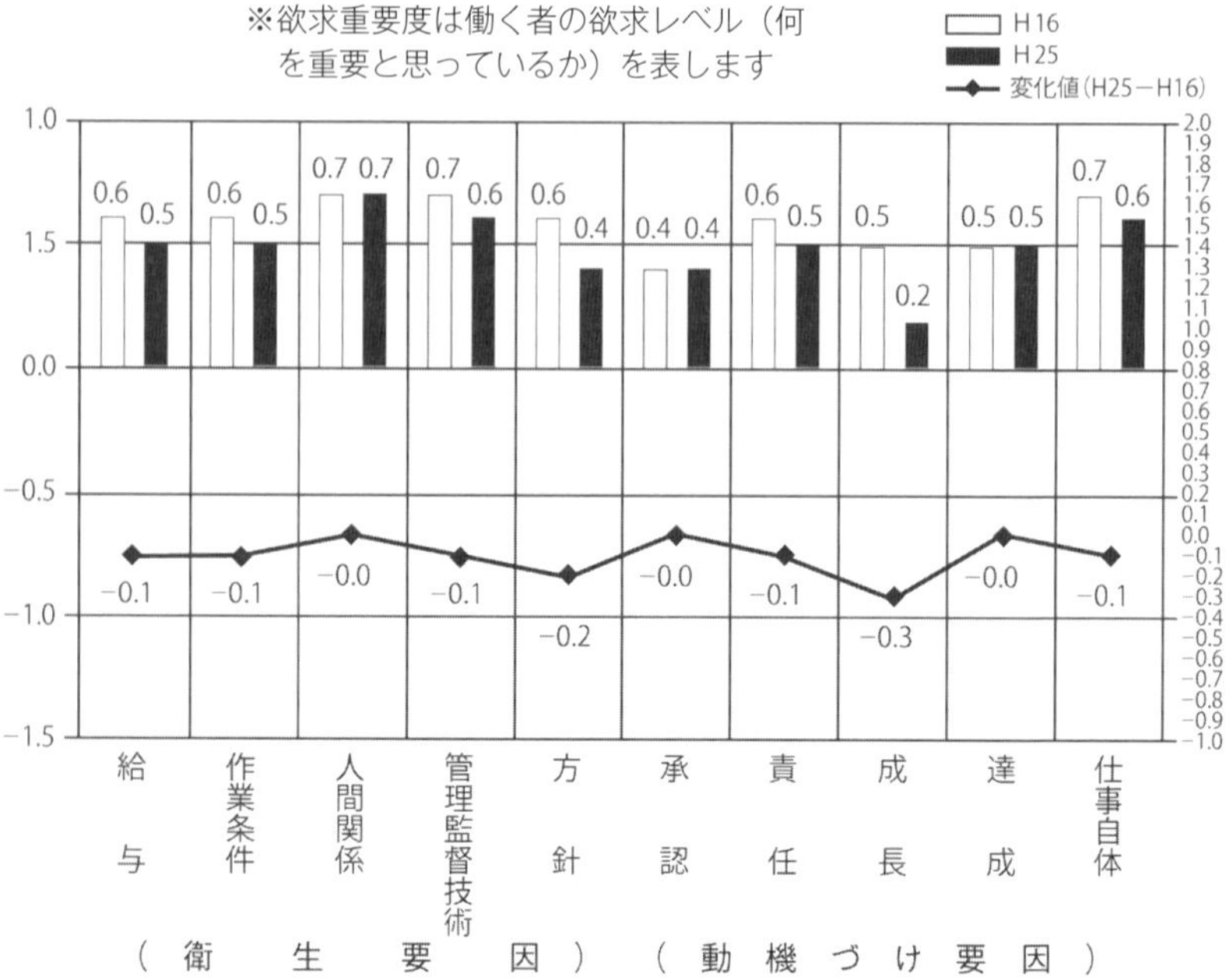

衛生要因では、五つの要因のうち相対的に欲求重要度の高い『管理監督技術』や『人間関係』で欲求実現度が上昇しており、上司との信頼関係や職場内の連携等に対する不満が小さく、良好な職場の形成が図られつつある状況がうかがえます。

　動機づけ要因では、五つの要因のうち相対的に欲求重要度の高い『責任』や『仕事自体』の欲求実現度が高く、職員は責任を果たすことに満足感を感じるとともに、仕事に愛着ややりがいを持って取り組んでいることがうかがえます。

　一方、今後の課題としては、職場風土分析一〇要因の中で、衛生要因の『方針』の欲求実現度が唯一マイナスで、また同じく衛生要因の『給与』と動機づけ要因の『成長』の欲求実現度がそれぞれプラスマイナスゼロといった結果となっています。特に人事制度や組織の効率等の分析項目で不満が見られるため、引き続き、職場改善や職員の不満の解消を図るための着眼点としてとらえる必要があります。『成長』については、欲求重要度が最も低下し、かつ最も低くなっており、『成長』に対する意識の重要性が低下している結果となっています」

(六) 小さな意識改革運動

これまで専門コンサルタントの指導のもと、組織風土改革や新しい人事諸制度の導入などの基本的な、大きな改革を推進し、成果を上げてきました。

その中で、私自身の働きかけで行った「小さな風土改革」でしたが、硬直した組織では初めてとなる取り組みについて述べてみます。

(1)全職員対象の「財政再建緊急集会」

私は、市長就任後初めてとなる平成一六年度予算編成作業を通じて、空前の財源不足となる危機的な財政状況を改めて深く認識するとともに、これから実施する財政再建の取り組みを全職員で共有することが重要であると考え、「財政再建緊急集会」を開催することとしました。

市長主催による全員参加の集会は、今までになかったとのことで、職員組合は団体交渉を要求し、席上「組合だけでなく、部長・課長という行政機構を抜きに、市長が直接職員に働きかけることは、労使の信頼関係を踏みにじる暴挙だ」「市長の思いつき集会であり、職員抑え込みには断固戦う」などと、集会開催の撤回を主張しました。

しかし、私は「三月議会での予算説明までに職員に周知したい」という姿勢を崩さず、これらの反対を押し切って開催しました。集会は現業職員などの勤務の都合を考慮して三日間に分けて行いました。

集会では、冒頭、私が市政運営の基本的な視点を述べた後、財政再建を実現する決意、そのためには職員（現場）の意識改革と協力が必要である、財政再建ができなければ責任は私がとる、などと縷々《るる》語りかけました。次に、行財政改革推進室長（現中尾市長）が現在の財政状況の実態と今後における行財政改革の考え方について図表を使ってわかり易く説明した後、職員との意見交換を行いました。

これまで職員組合ペースできた市政運営を、組合の反対を押し切って強行したことで、職員が財政状況の深刻さと行財政改革の必要性を認識するとともに、私（市長）の本気度が庁内全体に浸透していく効果があったと思います。

職員組合が発行している「職員集会に反対する」号外新聞を見た市民からは、「市長は草の根選挙で当選された人で、トップが直接職員に語りかける行為は大切だ」「財政破綻という緊迫した危機感を組合も共有すべきだ」「組合の主張は時代遅れだ」など、職員組合に厳しい批判の声が地元新聞に掲載され、大きな反響を呼びました。

これらの市民意見は、改革に取り組む私へのエール（応援歌）となり、ここでも、市民からの強い支持・支援の声が私の力となりました。また、市民との共闘をうたう市職労の自治権確立運動への警鐘になったと思います。

(2)「さわやかアップ運動」の展開

私は、平成一七年の仕事始めの所信挨拶で、「職員の意識改革の必要性」にふれ、「今すぐ変えられるものは、今すぐ変えよう」と挨拶運動を提唱しました。

民間では当たり前の「接遇」ですが、市役所ではまだ十分とはいえず、市や職員へのバッシング(*)の対象の一つになっていました。

この「さわやかアップ運動」は、宣言文を載せたポスターを庁内の掲示板や職場ごとに掲示し、職員に目に見える形で展開するとともに、毎年バージョンアップしながら全職場挙げて推進してきました。平成二二年度の「さわやかアップ運動」では、笑顔の大切さを再認識し、図8のとおり、宣言文を「明るく笑顔で挨拶します」にしました。

なお、「さわやかアップ運動」の効果をみるために、平成二三年二月、手続きなどで窓口に来られた市民に対してアンケート調査をお願いし、四日間で三二九人の協力を得ました。

その結果は、用件先での職員の応対では「言葉づかい」「説明の仕方」「職員の応対」の三項目について八五％以上の方が「良い」または「やや良い」と回答されていますが、「身だし

■図8　さわやかアップ運動

さわやかアップ運動

「今すぐ変えられるものは今すぐに」という決意のもと、
「こちらから積極的に」を合言葉に職員みんなで、
以下のことを実践しましょう。

（宣言文）明るく笑顔で挨拶をします

1　明るくあいさつ自分から

市民、職員を問わず、また初対面、顔見知りを問わず、こちらから積極的に明るく挨拶します

2　電話素早く自己紹介

電話は素早く対応し、まず職場名、氏名を名乗ります

3　笑顔で声かけさわやかに

廊下や窓口で、困っている様子や迷っている様子の来庁者を見かけたら、職員の方から笑顔で声かけ案内します

なみ」と「あいさつ」は「普通」の割合が高くなっています。経年比較（表1）では、すべての項目で「良い」の割合が一〇ポイント以上高くなっており、徐々に「さわやかアップ運動」の成果が出ているのではないかと考えています。

しかし、市民全体からみた場合、「さわやかアップ運動」はまだ十分な成果を上げたとはいえません。

なお、育成型人事評価制度の運用の要となる「育成面談」によって、上司と部下との間のコミュニケーションを強化するとともに、各人が職場の活性化やチームワークの強化などの目標を立てて実践することによって、確実に職員の意識改革は進んでいくと思います。

(3)事務改善研修の実施

表１　市職員の接遇に関する市民の評価（経年比較）

項目	年度	良い	やや良い	普通	やや悪い	悪い
あいさつ	22	75.4%	7.0%	17.0%	0.6%	0.0%
	21	80.4%	6.8%	12.0%	0.2%	0.5%
	20	63.6%	8.7%	24.3%	2.5%	1.0%
言葉づかい	22	77.8%	7.9%	14.0%	0.0%	0.3%
	21	81.4%	6.4%	11.6%	0.7%	0.0%
	20	64..2%	9.2%	24.4%	1.6%	0.5%
説明の仕方	22	78.0%	9.1%	12.2%	0.6%	0.0%
	21	80.0%	8.6%	10.9%	0.5%	0.0%
	20	63.0%	9.6%	24.2%	2.6%	0.6%
身だしなみ	22	69.3%	8.8%	21.9%	0.0%	0.0%
	21	75.2%	7.6%	16.8%	0.2%	0.2%
	20	56.6%	10.0%	30.8%	1.7%	0.9%
職員の応対	22	79.0%	7.3%	13.7%	0.0%	0.0%
	21	81.1%	8.0%	10.1%	0.5%	0.2%
	20	65.8%	9.4%	21.9%	1.5%	1.4%

大牟田市では、「人が育つ職場風土」の一環として、業務改善運動を進めてきました。

①職員提案による財源対策の募集

平成一八年度は、国の三位一体改革などによって、市財政は再び巨額の赤字が見込まれたことから、全職員にむかって財源対策の提案募集を行いました。その結果、延べ二〇二件の提案が寄せられました。これらの提案内容を、

Ａ　平成一九年度予算に反映する

Ｂ　平成二〇年度以降の検討課題とする

Ｃ　長期的観点から検討する

の区分で精査し重複意見を整理した結果、Ａ＝二三件、Ｂ＝二四件、Ｃ＝一〇一件となりました。

なお、二〇年度に策定した「財政健全化計画」では、Ｂ区分の提案内容（軽自動車税と法人市民税の超過税率導入など）を相当数採択しました。

②事務改善コンテストの実施

事務改善活動は、民間ではTQC（品質管理）活動や「グループ活動」などと銘打って積極的に行われていますが、行政においても、「職場内での問題・課題の共有化↓改善案の検討↓実施」といったサイクルの中で、チームワークの発揮やコミュニケーションの向上という職場風土づくりに欠かせない要素を培うものです。私の市政公約に掲げている項目です。

大牟田市では、各職場で自主的に事務改善を実施し、その結果とプロセスを市長トップとした事務改善コンテストで発表する、という形で実施してきました。事務改善コンテストにエントリーしたチーム数は、平成一六年度から二一年度までの六年間合計で延べ七九チームにのぼりました。

しかし、どうしても平常業務が優先され、実際に「ＰＤＣＡ」の手順に沿ってチーム活動をするチーム数は少なくなっていました。

③事務改善研修事業の取り組み

これまでの職場からのエントリー方式では全庁的な風土改革までには至らないことから、平成二二年度から事務改善研修事業に取り組みました。

事務改善研修事業とは、全庁的にチーム編成を行い、チームリーダーのもとで約五か月間の期間限定で事務改善に取り組みます。同研修事業のスタート時と中間時に専門コンサルタントによる研修を行い、職員のやる気の継続を図ります。五か月間のチーム活動の後、市長以下幹部職出席のもとで発表会を開きます。発表会では、私が総評をするとともに、入賞チームに賞状を手渡します。残念ながら、賞金や商品の贈呈については、市役所の場合、法に抵触するという理由でできませんでした。

行政活動の中には、環境や水道及び学校給食現場など、住民のライフラインに直結する職場があります。水道料金や給食費の形で一部は負担いただきますが、大切な税金を使っての住民サービスですので、「サービスの向上」や「コストダウン」及び「災害防止」などの切り口で、もっと積極的に改善活動を行う必要があると考えます。

（七）人事評価制度における「面談」の導入

平成一七年四月に改訂した「人材育成基本方針」に基づく諸施策の中で、柱となるのが人事評価制度です。そこで、同制度に対する職員の理解や意義の浸透を把握するとともに、より有用な制度に改善を図っていくため、最終評価とフィードバックに関するアンケート調査を毎年実施しています。

人事評価制度のキーワードである「個人面談」としては、「目標面談」と「フィードバック面談」があります。

目標面談では、まず部下の掲げた目標と上司が期待する点や克服してほしい点について明確にし、面談で確認された目標が上司と部下の共通の目標になるようにします。

目標を定量化できるものについては数値で示し、定量化できないものは状況や状態をでき

【大牟田市人事評価制度とフィードバック面談に関するアンケート結果（経年変化）】

①制度全体の理解度

■図9

人事評価制度の実施によって、制度全体を理解することはできましたか。

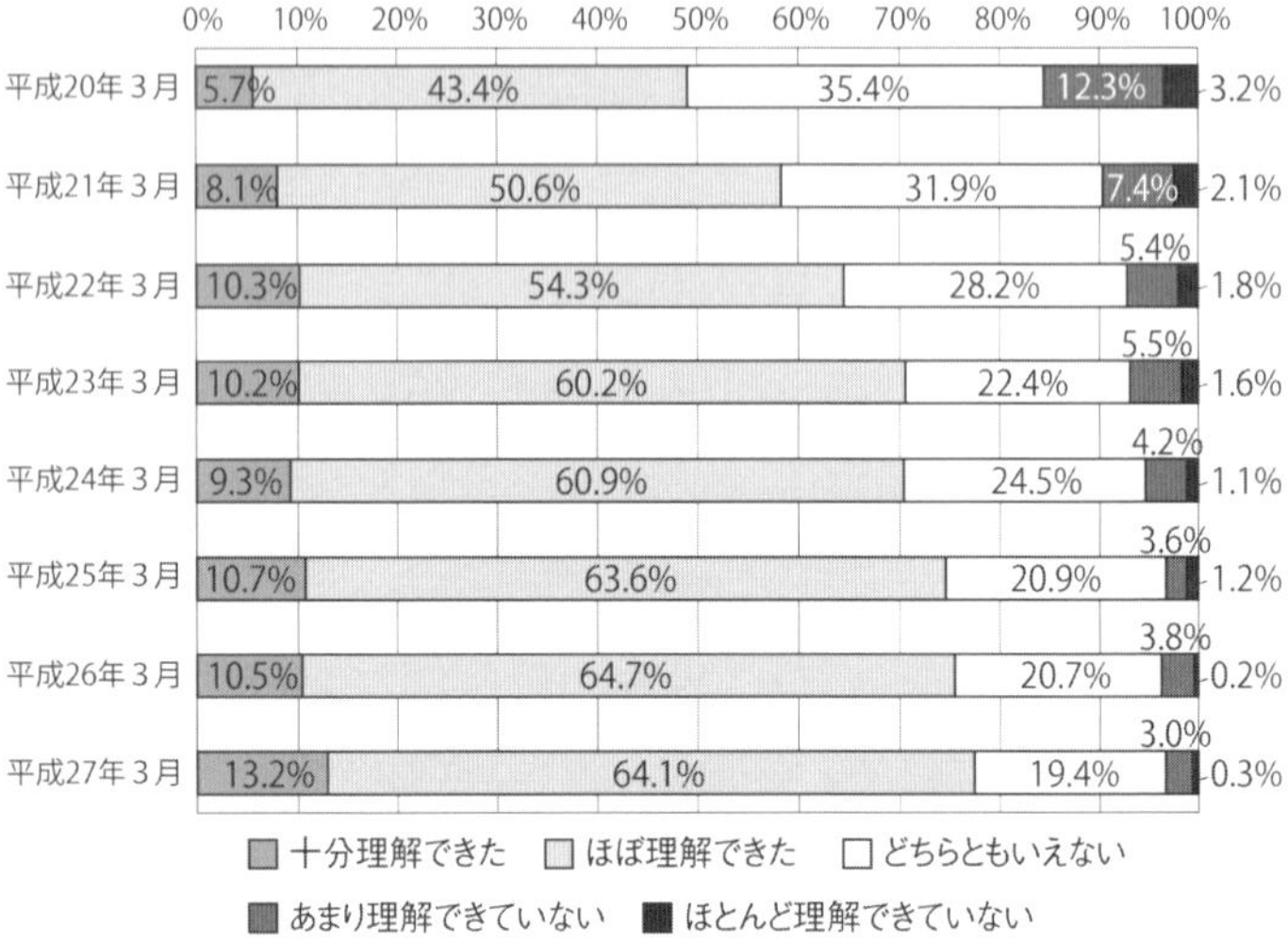

る限り具体化します。

評価結果のフィードバック面談

面談者と被面談者は、二月中旬にフィードバック面談を実施し、能力評価と業績評価(*)の結果を示し、説明します。面談者と被面談者の関係は、原則として目標面談時と同一です。

ここでは、毎年度実施している職員アンケートの中で、主に「フィードバック面談」に関する納得度（比率で表示）の経年変化をグラフで表示しました（図9が制度全体の理解度、図10が業績評価の理解度、図11が能力評価の理解度）。このグラフは、制度を導入した平成一九年度から二六年度

①上司からの評価及びフィードバック面談について

■図10

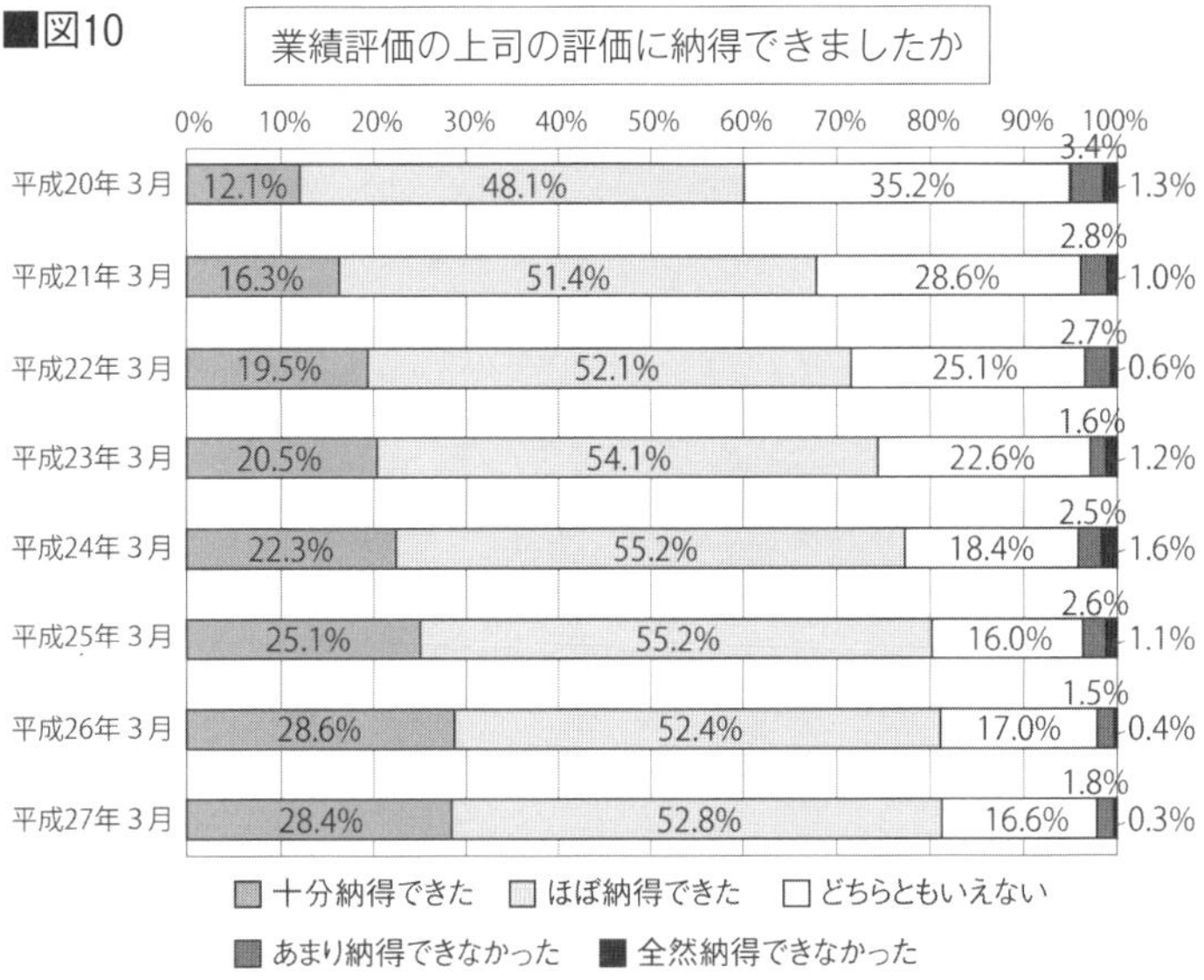
業績評価の上司の評価に納得できましたか
0% 10% 20% 30% 40% 50% 60% 70% 80% 90% 100%
平成20年3月 12.1% 48.1% 35.2% 3.4% 1.3%
平成21年3月 16.3% 51.4% 28.6% 2.8% 1.0%
平成22年3月 19.5% 52.1% 25.1% 2.7% 0.6%
平成23年3月 20.5% 54.1% 22.6% 1.6% 1.2%
平成24年3月 22.3% 55.2% 18.4% 2.5% 1.6%
平成25年3月 25.1% 55.2% 16.0% 2.6% 1.1%
平成26年3月 28.6% 52.4% 17.0% 1.5% 0.4%
平成27年3月 28.4% 52.8% 16.6% 1.8% 0.3%
十分納得できた
ほぼ納得できた
どちらともいえない
あまり納得できなかった
全然納得できなかった

■図11

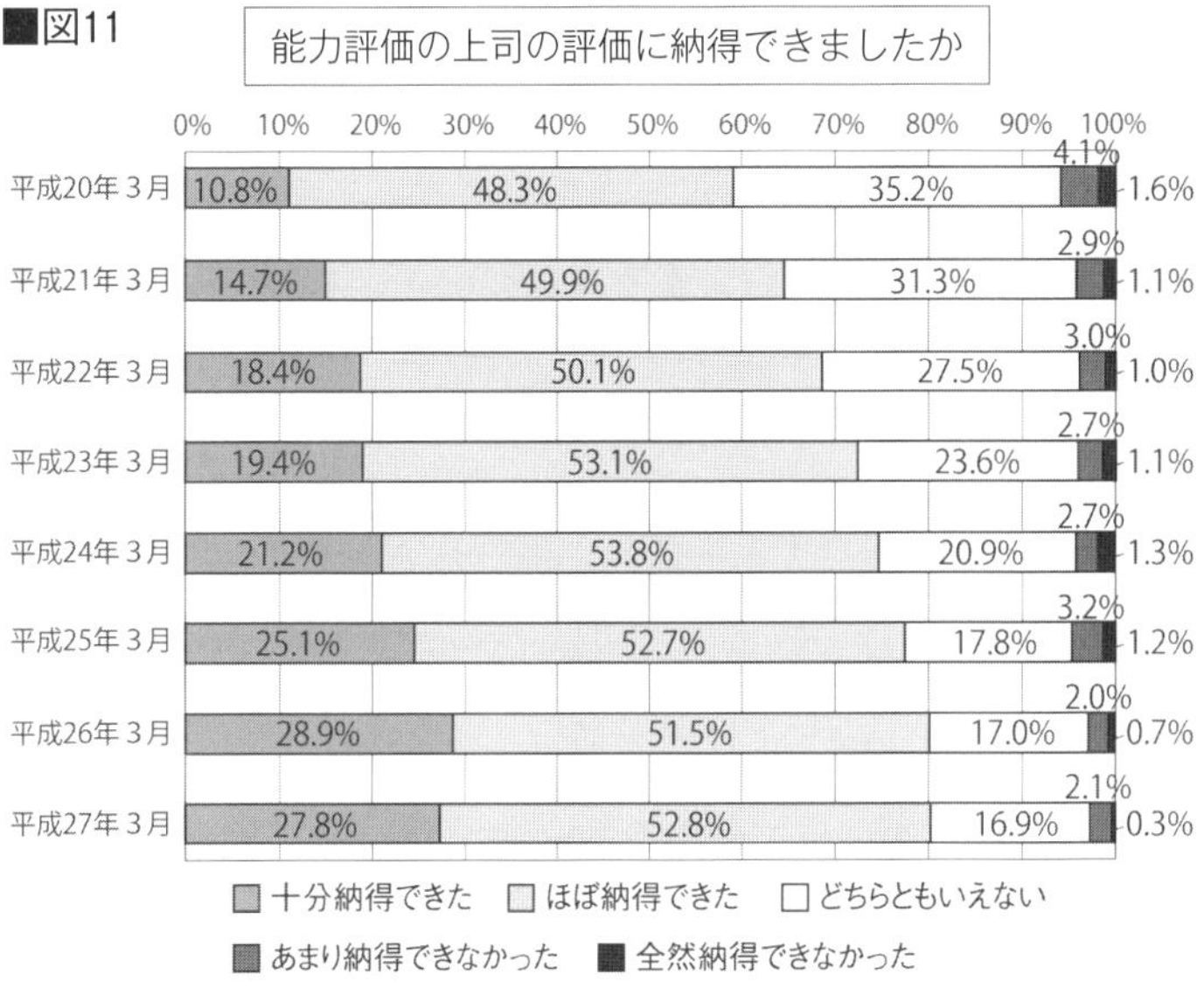
能力評価の上司の評価に納得できましたか
0% 10% 20% 30% 40% 50% 60% 70% 80% 90% 100%
平成20年3月 10.8% 48.3% 35.2% 4.1% 1.6%
平成21年3月 14.7% 49.9% 31.3% 2.9% 1.1%
平成22年3月 18.4% 50.1% 27.5% 3.0% 1.0%
平成23年3月 19.4% 53.1% 23.6% 2.7% 1.1%
平成24年3月 21.2% 53.8% 20.9% 2.7% 1.3%
平成25年3月 25.1% 52.7% 17.8% 3.2% 1.2%
平成26年3月 28.9% 51.5% 17.0% 2.0% 0.7%
平成27年3月 27.8% 52.8% 16.9% 2.1% 0.3%
十分納得できた
ほぼ納得できた
どちらともいえない
あまり納得できなかった
全然納得できなかった

までの八年間の経過を示しています。すべての項目に納得度が向上しているので、人事評価制度の理解と、職場の組織風土は確実に良くなっていると考えています。

二、組織運営の改革に関すること

(一) 早朝幹部会議の主催

大牟田市は、過去二十数年間、官僚出身の市長が続くとともに、当時の市政が石炭政策(国策)の動向に左右されたこともあって、市長など幹部の出張が重なり、市長不在の時が多くなっていました。その結果、庁内で十分な議論が行われず、上意下達的な組織運営になるとともに、重要な意思決定が庁内全体に伝わらず、行政としての統一的な運営に支障をきたしていました。

このような組織運営の問題点を踏まえ、私は市政公約において、庁内の風通しをよくするために「ホウ(報告)・レン(連絡)・ソウ(相談)」を徹底することの必要性を指摘しました。その一環として、早朝での幹部会議開催を提案し、当選後、早速、毎週月曜日八時からの早朝会議を主催しました。

早朝会議を続けていくうちに、行財政改革など重要施策や課題について、お互いに共通認識が得られるとともに、各部局長の性格や業務へのスタンス及び能力の特徴などを垣間見ることになります。

これらの情報交換によって、私としても市政運営への新たな気づきや自信につながったといっても過言ではありません。

(二) 経営会議の新設

私は、全庁的な政策決定に関する意思決定システムの確立と、職員の意思伝達・周知を図るために庁内会議の再編をはかることが必要だと考えました。

そこで、従来の「行財政確立対策本部」を解消して、部局長全員が参画する「経営会議」を新設して、重要施策などの決定機関としました。さらに、経営会議の下部機関として調整監等会議などを新設して、いわゆる「ホウ・レン・ソウ」を徹底することにしました。

再編した庁内会議の構成や権能は図12のとおりです。

(三) 行財政運営に関する基本方針の公表

私は平成一六年一〇月、行財政運営に関する基本方針を策定し公表しました。大牟田市の慢性的な赤字体質の原因と行財政運営のあるべき姿を明確に指し示しました。

(1) 財政悪化の原因と行財政改革の必要性

図13「決算の推移」および表2「予算操作の計上額と実質収支の推移」(昭和三七年度~

■図12　庁内会議の再編

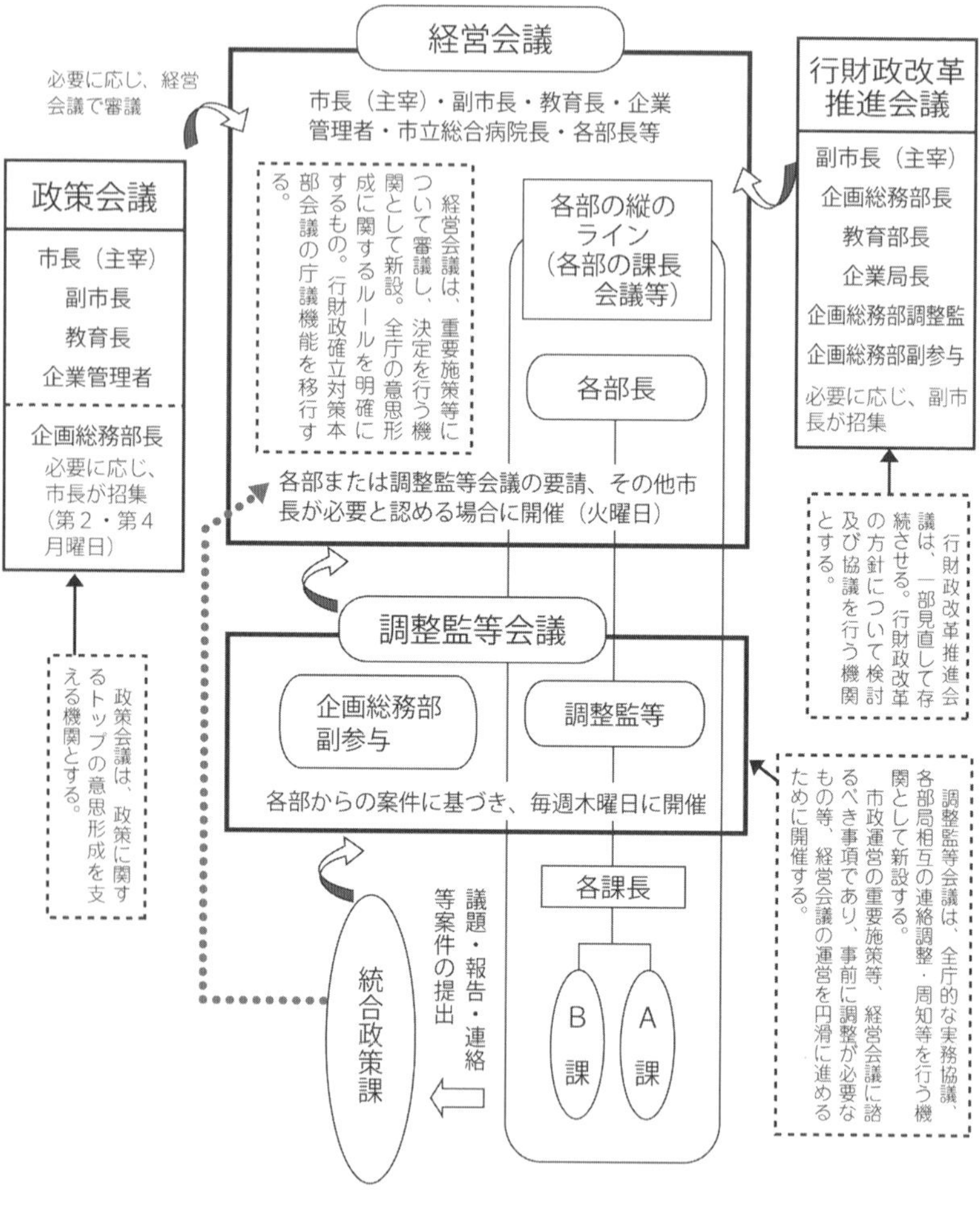
経営会議
市長（主宰）・副市長・教育長・企業管理者・市立総合病院長・各部長等
経営会議は、重要施策等について審議し、決定を行う機関として新設。全庁の意思形成に関するルールを明確にするもの。行財政確立対策本部会議の庁議機能を移行する。
各部の縦のライン（各部の課長会議等）
各部長
各部または調整監等会議の要請、その他市長が必要と認める場合に開催（火曜日）
必要に応じ、経営会議で審議
政策会議
市長（主宰）
副市長
教育長
企業管理者
企画総務部長
必要に応じ、市長が招集（第２・第４月曜日）
政策会議は、政策に関するトップの意思形成を支える機関とする。
行財政改革推進会議
副市長（主宰）
企画総務部長
教育部長
企業局長
企画総務部調整監
企画総務部副参与
必要に応じ、副市長が招集
行財政改革推進会議は、一部見直して存続させる。行財政改革の方針について検討及び協議を行う機関とする。
調整監等会議
企画総務部副参与
調整監等
各部からの案件に基づき、毎週木曜日に開催
調整監等会議は、全庁的な実務協議、各部局相互の連絡調整・周知等を行う機関として新設する。
市政運営の重要施策等、経営会議に諮るべき事項であり、事前に調整が必要なもの等、経営会議の運営を円滑に進めるために開催する。
各課長
B課
A課
統合政策課
議題・報告・連絡等案件の提出

■図13　決算の推移

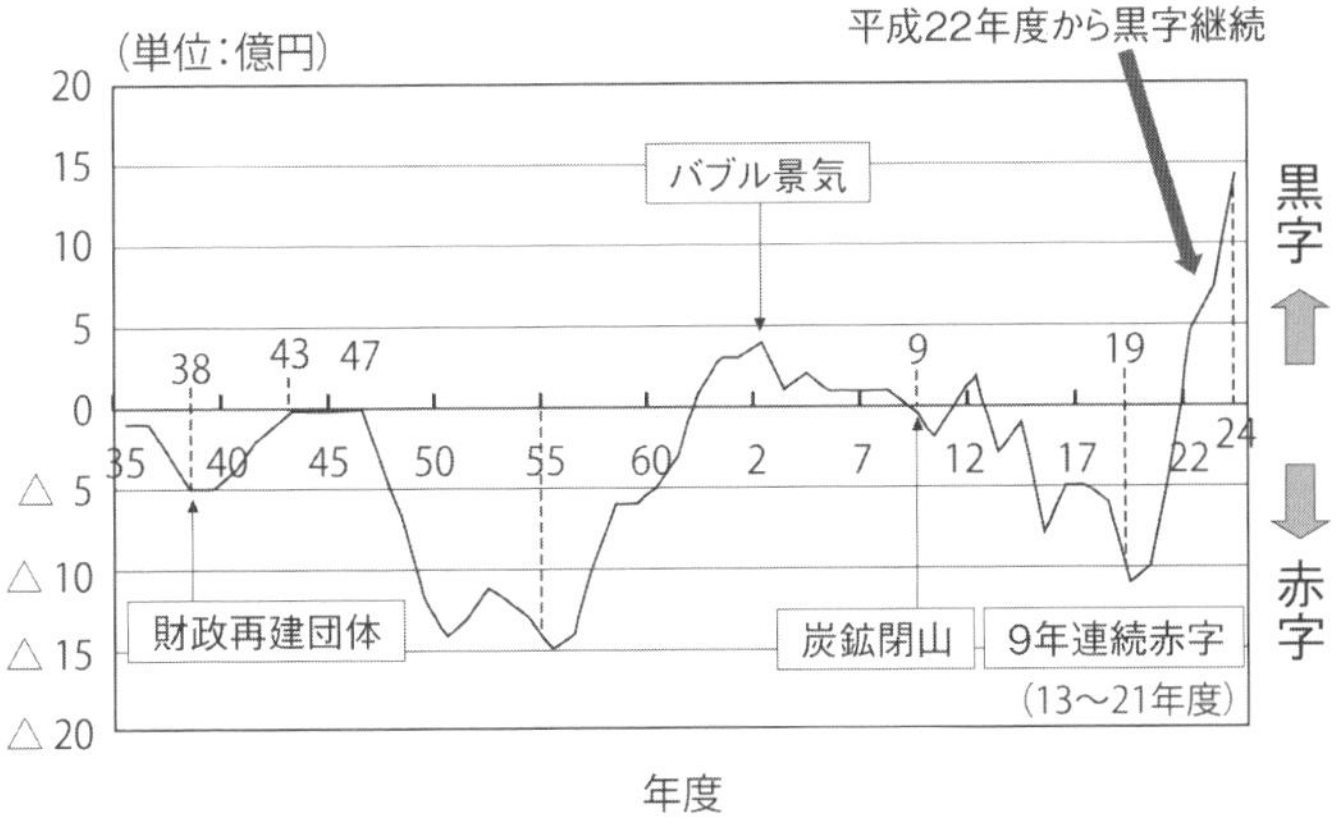

平成二三年度）」でも明らかなように、大牟田市の財政は長期にわたる慢性的な赤字構造にありました。

類似団体と比較して、歳入において市税などの自主財源の割合が著しく小さく、交付金などの依存財源に大きく依存せざるを得ない収入状況にある一方、歳出において扶助費、人件費及び公債費の「義務的経費」が大きな割合を占める財政構造があって、硬直した財政運営を余儀なくされています。

しかし、産炭地特有の財政支援措置などに甘え、財政的自立が真剣に議論されなかったというモラルハザード（倫理の欠如）に陥っていたことも、財政構造の見直しが進まない大きな要因であったのです。

今後は、聖域なき行財政改革を断行して、財政再建準用団体への転落を回避し、財政構造を抜本的に改善することにより、市民の負託に応え得る、安定した行財政運営を持続的に展開する必要があると思ったのです。

(2)行財政運営のあるべき姿

■表2 「予算操作」の計上額と実質収支の推移　(単位：百万円)

年度	当初予算額	予算操作額	実質収支額	備　考
昭和37	2,886	35	△257	これ以前は「予算操作額」不明
38	3,537	78	△497	
39	4,208	512	△477	
・ ・ ・ ・ ・	・ ・ ・ ・ ・	・ ・ ・ ・ ・	・ ・ ・ ・ ・	・再建団体　39年2月 ・再建解消　44年3月 ・昭和44〜46年度は「予算操作」なし。 ・それ以外の年度は毎年「予算操作」あり。
平成13	61,660	1,100	△263	
14	57,500	1,100	△131	
15	55,360	1,500	△817	
16	57,630	1,700	△537	
17	52,580	1,400	△455	
18	53,620	1,400	△621	
19	51,860	0	△1,055	
20	51,440	0	△971	
21	50,500	1,106		歳入欠陥補填収入
22	52,520	706		歳入欠陥補填収入
23	53,350	0		23年度以降は黒字転換し、「予算操作」なし

今後は「行政経営」に徹した市政運営を行うこととし、市政のあるべき方向性を次のように明示しました。

①行政の守備範囲の見直し

今後、人口減少や経済の縮小などに伴い、肥大化した「行政の守備範囲」についても、縮小していかざるを得ないということです。したがって、これまで行政が担ってきた公共サービスも、基本的に民間に任せられるものは民間に任せることとして、どこまでの範囲を行政でカバーするか、見直す必要があります。それとともに、自治体を維持していくための最低限の経費（固定経費）をできるだけ小さくする必要があります。

②職員数の削減と民間活力などの導入

職員数も同様です。民間の経済性や専門性を積極的に導入することで、効率的かつ、より市民満足度の高いサービスとなるよう、積極的に民間活力などの導入を行います。その上で、行政職員は職員しかできない分野に特化すべきです。地方分権の担い手として、政策立案能力などの向上を図り、より専門的で高度な知識を習得した、自治体運営のプロ集団であるべきです。

職員数・人口の推移（昭和三〇年～）は表3のとおり。

③市民と行政との協働

地方分権が進展していく過程の中では、「自分たちのことは自ら決め、自ら行う」という、地域に根ざした住民自治活動が市民の役割と責任において実践される必要があります。そのための受け皿づくりとしての市民活動組織の形成を地域で促進する環境づくりが早急に必要です。

市民との協働による、新しいまちづくりを進めていくためには、市民へ積極的な行政情報の公開を進めることと合わせて、政策策定時点からの市民の行政参画を円滑に行うことができるように、市民参加・参画のシステムや場の確保及び市民活動支援などを早急に進めなければなりません。

■表 3　大牟田市職員数と人口の推移（昭和30年以降）

年度	職員数	対前年増減	人口	人口 / 職員数
昭和 30	1,172	−	202,879	173.1
31	1,221	49	205,160	168.0
32	1,272	51	205,463	161.5
33	1,361	89	217,535	159.8
34	1,466	105	220,679	150.5
35	1,576	110	220,736	140.1
36	1,698	122	220,987	130.1
37	1,696	△ 2	221,284	130.5
38	1,849	153	221,382	119.7
39	1,852	3	218,240	117.8
40	1,869	17	217,103	116.2
41	1,936	67	215,971	111.6
42	1,971	35	214,183	108.7
·	·	·	·	·
·	·	·	·	·
·	·	·	·	·
56	2,112	42	164,570	77.9
·	·	·	·	·
·	·	·	·	·
平成 15	1,793	△ 12	137,366	76.6
16	1,734	△ 59	135,690	78.3
17	1,691	△ 43	133,788	79.1
18	1,656	△ 35	132,282	79.9
19	1,604	△ 52	130,472	81.3
20	1,544	△ 60	128,964	83.5
21	1,514	△ 30	127,396	84.1
22	1,175	△ 339	125,998	107.2
23	1,132	△ 43	—	—
H 15 年 − 23 年　661				

④経営型の行政運営

行財政の仕組みについても、今後は市民満足度の高いサービスを提供するとともに、有効性・効率性・経済性などを重視した成果重視の「経営型行政運営」への転換を進めていきます。行政評価システムを基本に位置付け、ＰＤＣＡサイクルによるマネジメントシステム(*)を早急に形成するとともに、様々なシステムへ連動し活用していく必要があります。

⑤投資の方向性

行財政改革そのものはまちづくりの目的ではなく手段です。行財政改革により生み出した資源やエネルギーを、市民ニーズに基づく施策の展開に活用することに、その目的があります。

しかし、危機的な財政状況にある大牟田市では、抜本的な財政構造の改革が必要な状況にあるために、財政再建とまちづくりのための投資とはバランスをとりながら進めていく必要があります。政策の目的をいっそう明確にし、それを達成する手段である投資は費用対効果を十分検討した上で、「選択と集中」をもって決定していきます。

(3)行財政改革の実行に向けて

以上に示した自治体運営のあるべき姿の実現に向けて、個別具体的なプラン（略）を早急に策定し、策定したプランから順に、実行に移していくことにより、待ったなしのスピード感をもって戦略的に展開します。

行政職員・市民にとって想像以上に厳しい、いばらの道を歩むかもしれませんが、全市一丸となって、自治体の自立と市民福祉の向上の視点に立ち、不撓不屈《ふとうふくつ》の決意で進めていかねばなりません。

(四)「部局運営方針」による目標管理

大牟田市は平成二〇年度から「部局運営方針」を策定し、公表しています。

総合計画に掲げた主要施策の実現を図るためには、各部局において目標の共通認識と管理が必要であり、計画的に取り組んでいかなければなりません。また、市民に公表することで、市としての説明責任を果たすとともに、毎年の各部局の取り組みを市民と共有することで、市民と行政の協働による地域づくりを推進することを目的とします。

部局運営方針の位置づけを示す「行政マネジメントシステムの概要」は図14のとおりです。総合計画に基づき、各部局の施策実現に果たすべき役割と予算との関連において、事業計画的な性格を有するもので、毎年見直します。

なお、達成状況は成果報告としてまとめ、議会と市民へ公表します。また、総合計画の進捗管理として活用します。

(五) 行政評価システムの導入

■図14　行政マネジメントシステムの概要

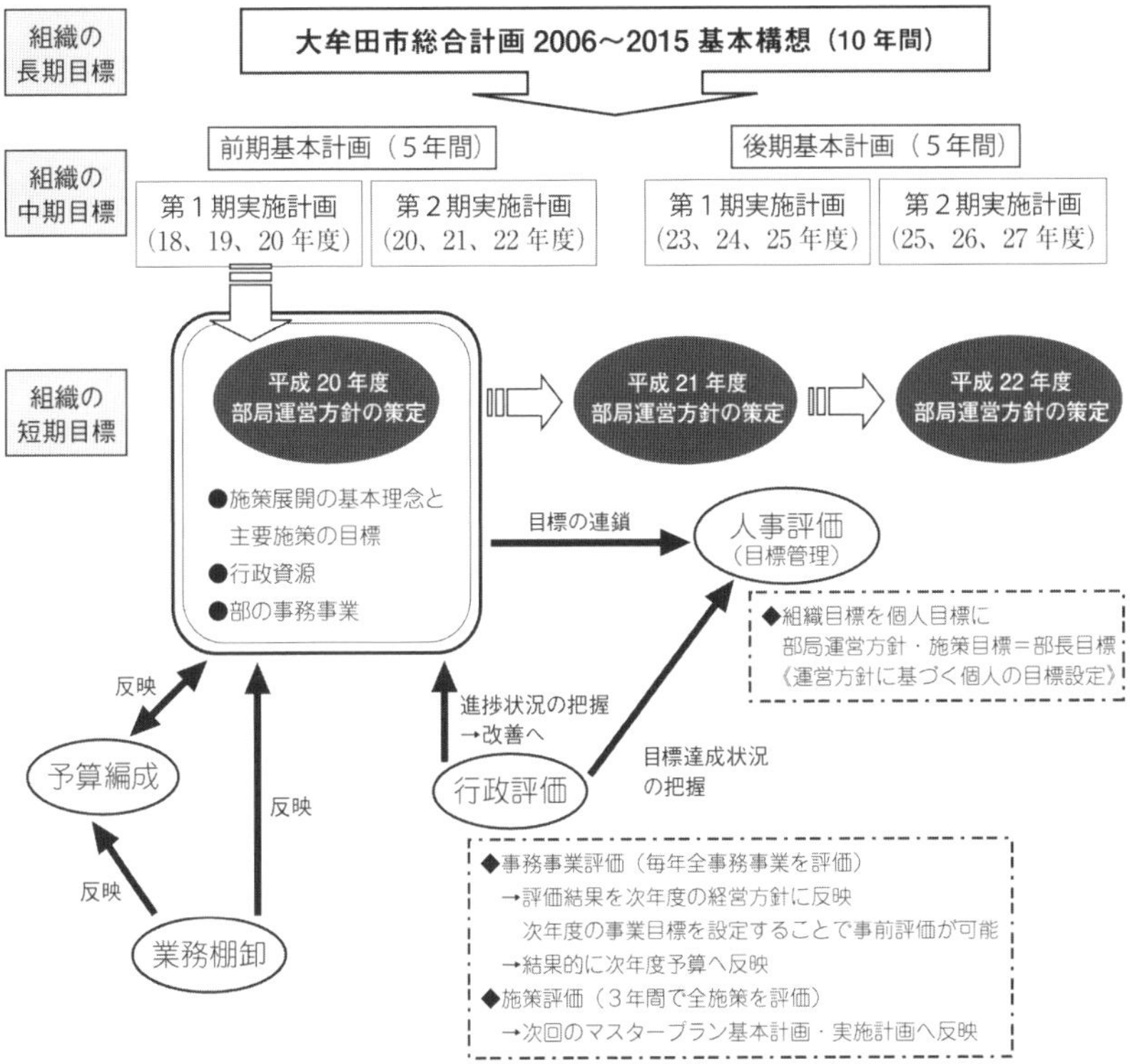

(1)行政評価とは

行政評価は、より効果的で効率的な行政運営をするための有効な手法の一つです。

大牟田市では、「企画（平成一四年度）」「試行（平成一五～一六年度）」「導入（平成一七年度）」及び「外部評価の導入（平成一八年度）」と、試行錯誤を繰り返しながら、段階を踏んで「大牟田市版行政評価」を作ってきました。

行政評価の目的は、行政マネジメントサイクル（PDCAサイクル）を循環させることです。

(2)外部評価報告書の概要

外部評価が六年目を迎えた平

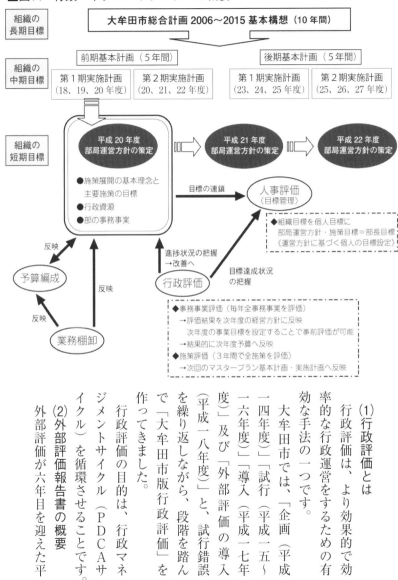

成二三年八月、外部評価委員会の委員長を務められた明石照久（熊本県立大学）教授は総評の中で、「各部からの説明も年を経るごとに整理され、わかり易くなってきた。外部評価制度が庁内に定着してきた結果と思われる。

各委員からの意見は、①施策の目的と構成事務事業の対応関係が分からない、②施策の目的の達成状況や成果を測る成果指標が不適切なため、評価が困難である、③事務事業ありきの姿勢で施策が組み立てられている例が見受けられ、施策の目的を実現するために個々の事務事業を実施するという論理の道筋がはっきり見えてこない点に集約できる」と述べ反省点を明確に指摘しています。

(3)行政評価制度との相乗効果

大牟田市の行政評価制度は、総合計画に基づいて毎年度策定する「部局運営方針」や「主要施策の成果報告書」及び「人事評価制度（目標管理）」など、他の行政システムと連携を図り、相乗的に、それぞれの効果を最大限発揮させることが重要です。

行政評価推進のカギを握るのは、やはりそれを運用する職員一人ひとりの意識です。「行政マネジメントサイクル（ＰＤＣＡ）を確立」し、市民の満足度・納得度の高い成果重視の行政運営を推進していかなければなりません。

(六) 職員向けに、市政情報などの積極的提供

私は、その時々の潮流や市政方針（重点課題）及び職員への期待などを職員に周知徹底するために、公務以外でも、あらゆる機会を通じて直接職員に語りかけてきました。

たとえば、

一、毎年行う仕事始め式における所信表明では、幹部職員を前にして、経営危機にある大牟田市政に対処するリーダーの心構えや重点政策及び新年の抱負などを語りかけました。

二、定期異動や新入職員（四月一日）の辞令交付式において、関係者を前にして、当該年度の重点目標や部局方針の説明などを行いました。

三、毎年末の仕事納めにおける慰労の挨拶（特に、年末まで作業する環境現業職場には現場事務所へ出向いて行う）をしました。

四、労使の団体交渉に極力出席して、執行部や組合員と積極的な意見交換をしました。
　行財政改革の大きな課題を解決するには、職員組合との交渉による合意形成が必要です。私は、団体交渉に出席し、直接自分の所見を述べながら、執行部及び組合員（大衆団交方式）と、時には喧々諤々の切迫した交渉になることもありますが、胸襟を開いて、積極的な話し合いをしてきました。

五、階層別研修では、必ず市長講話の時間を取り、市政の現状などを話しました。

六、幹部会（部長以下課長補佐以上）や主査・主任会の総会懇親会に出席して、飲みながらのざっくばらんの意見交換をしました。

なお、一と二の挨拶文は「電子掲示板」で全職員に届くようにしました。

三、人が伸びる職員研修

大牟田市では、自治体経営にきわめて重要な「自律創造型プロ職員」の育成や活用を総合的・戦略的に推進するために、「ひと（職員）が育つ職場風土」「ひと（職員）が伸びる職員研修」「ひと（職員）が活きる人事制度」を柱に、人材育成の取り組みを行ってきました。

（一）職員に求められる能力と役割

「自律創造型プロ職員」に求められる要件は、平成一六年度に実施した職場風土調査及び「市民のこえ」（市役所に必要な人材）に基づいて導き出されたものです。

「職員」に求められる意識・意欲と能力は表4のとおりですが、今回初めて取り上げられた特徴的な要件として、意識・意欲の項目で「市民満足度を高める意識」「おおむたに対する愛着」及び「コスト・スピード意識」、能力の項目で「行政経営能力」があります。市民目線で仕事をする意識と、経営力に優れたプロ職員が求められています。

（二）職員研修の改善点

■表４　求められる意識・意欲と能力

【意識・意欲】

市民満足度を高める意識	市民はお客様であることを認識し、電話対応、窓口対応、苦情対応などのあらゆる場面で、社会人としての節度ある態度をもって親切丁寧に対応する。また、全体の奉仕者として常に市民福祉の向上を目指し、市民感覚を持って行動する。
おおむたに対する愛着	おおむたを愛し、歴史・伝統・文化・人々の知恵などを学び、おおむたらしさを活かしたまちづくりに貢献する。
高いモラル	全体の奉仕者としての使命と責務を自覚し、高い倫理観の下、公私にわたり社会の規範となる行動をとる。
人権尊重意識	あらゆる人権問題の解消を図るとともに、様々な立場や考え方、生き方をもつ個々の人権を尊重する。
情勢適応意識	社会環境の急激な変化などを的確に理解するための情報の収集に努め、将来を見通しながら行動をとる。
コスト・スピード意識	費用対効果を常に意識し、懸案事項の解決に向け、機動的に取り組む。
自己成長意欲	あらゆる機会をとらえて能力の向上を図り、自己実現のため成長していこうとする。
チャレンジ精神	常に問題意識をもって課題を発見・解決し、困難な業務にも積極的に挑戦する。

【能　力】

基礎的業務遂行能力	業務を遂行する上での目的や目標を正確に把握し業務を正確かつ迅速に処理する能力
コミュニケーション能力	市民や職員など組織内外の関係者と良好で建設的な関係を保ちつつ、協同してまちづくりを推進するために必要な折衝、交渉、調整などを行う能力
政策形成能力	社会環境の変化や市民ニーズを的確にとらえた上で、効果的な政策・施策を立案・実施するとともに、その結果を評価する能力
行政経営能力	組織の目的や目標を明確に示し、業務を管理・統制して成果を上げるとともに、その評価によって更なる課題や目標を発見できる業務管理能力と組織のメンバーが目標を達成するために必要な能力や意欲を引き出す人材育成能力

■図15　人事・人材育成トータルシステム

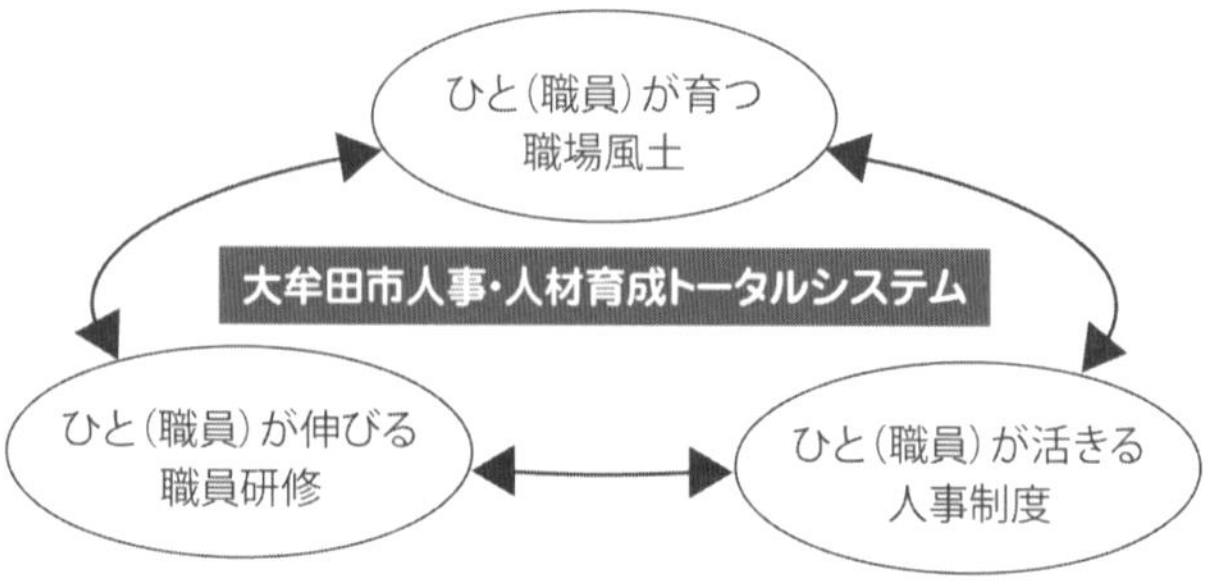

①全般的に

人事・人材育成トータルシステムにおける職員研修の位置づけは、図15のとおりです。

大牟田市では、従来から階層別研修は行ってきましたが、対象となる職員一律での受講、義務的受講及び講義形式の研修など、多くの問題点が指摘されていました。

そこで、研修のあり方などについて検討し、各階層に必要な能力と役割に対応できる研修方法を検討し、具体的な方針を決定しました。

基本的には、大牟田市の抱える課題について職員の意識の共有化を図りながら、実務能力、対人能力及び政策形成能力の充実を図るとともに、各職場における職場研修支援、自己啓発意欲の向上を狙いとする自主研修活動への助成を実施することにしました。

②管理職研修

人材育成や職場風土改革における管理職の果たす役割が大きいので、マネジメント能力の向上のための研修を実施しました。また、受講者の研修効果が日常業務に現れているかの測定を、育成型人事評価制度（面談）の中で測定します。

③一般職員研修

全員共通研修として総合計画、行政評価、市民との協働などの重点施策についての認識を深め、中核職員としての役割を果たせるようにします。また、自発的に参加する意欲を高めるための選択型研修（少子化とまちづくり、政策法務、テーブルリーダー研修、プレゼンテーション研修など）を実施します。

④職場に対するもの

異動職員、産休復帰職員及び新規採用職員などに対する指導育成を充実するために、育成メンター制度を導入します。

(三) 市長として「職員教育」へのかかわり方

(1)階層別研修での市長講話

まちづくりは「人づくり」といわれるとおり、人材育成の仕事は市長にとって最大の関心事です。まちづくりのキーマンである職員のやりがいと能力向上は、まちづくりに責任を持つ市長の固有業務ともいえます。

しかし、具体的に職員研修にどのように関わっていけばよいかとなると、多忙な市長職には時間管理上の制約や専門的な教授法が不十分という事情などがあって、実際は専門家に任せているのが実情だと思います。

私は、かつて勤務していた三井金属鉱業株式会社本社で、人材開発課長として社員教育の企画及びコーチングを担当していた経験があり、職員研修の重要性と問題点は十分認識していました。

そこで、大牟田市の研修体系の中で、市長としてどういう役割を担うべきか、人材育成スタッフと協議した結果、先に実施した組織風土調査での分析で、多くの職員から「組織としての方向性、ビジョンの理解及びその浸透が弱い」という重大な指摘があるので、すべての階層別研修に「市長による講話」の時間を設けることにしました。

講話の内容は、パワーポイントを使って、主に「大牟田市政の現状と今後の展望」と題して、約四五分間話しました。

(2)「行政マネジメント」トップ研修

私は「研修はトップから始める」が持論ですので、私自ら平成二五年から部長クラス（幹部）を対象に「行政における経営・マネジメント」研修を実施しました。

テキストは主にH・ミンツバーグ氏が開発したIMPM（人材育成プログラム）をベースに、ミンツバーグ氏の経営理論と、私自身が体得した「経営と行政」共通（または固有）の課題を組み入れて作成したオリジナルの教本としました（図16、教本の目次参照）。

この研修は、毎週月曜日七時三〇分から八時四五分までの七五分間（時間外）で、二五回

■図16　行政マネジメント研修用オリジナル教本の目次

行政における経営・マネジメント

目　次

第1モジュール「自分を知る」
・セッション1：「内省」の重要性
・セッション2：自分のマネジメントスタイルを知る
・セッション3：マネジャーの役割
・セッション4：マネジャーに必要なスキル
・セッション5：マネジメントの特徴—神話と現実

第2モジュール「組織を知る」
・セッション1：地域経営「自治体ガバナンスの新潮流」
・セッション2：総合計画を基点とした経営改善
・セッション3：経営組織の特性を知る
・セッション4：組織のサイロとスラブ
・セッション5：マネジメントの一般的モデル

第3モジュール「視野を広げる」
・セッション1：日本社会に伝統的な精神文化
・セッション2：政治的に考えるということ
・セッション3：官僚の役割
・セッション4：グローバリゼーションと広い視野
・セッション5：協働社会と基礎自治体の役割

第4モジュール「人を知る」
・セッション1：古典にみる人間関係の知恵
・セッション2：人間の次元でのマネジメント（組織内の人々と関わる）
・セッション3：人間の次元でのマネジメント（組織外の人々と関わる）
・セッション4：参加型マネジメントと英雄型マネジメント
・セッション5：「コラボレーション革命」に学ぶ

第5モジュール「変革を進める」
・セッション1：行動の次元のマネジメント
・セッション2：マネジメントのジレンマ（思考/情報の次元）
・セッション3：マネジメントのジレンマ（人間/行動の次元）
・セッション4：有効なマネジメント
・セッション5：幸せな組織の条件（マネジメントの成功と失敗を考える）
以上

図17　行政における経営・マネジメント研修のセッション構成

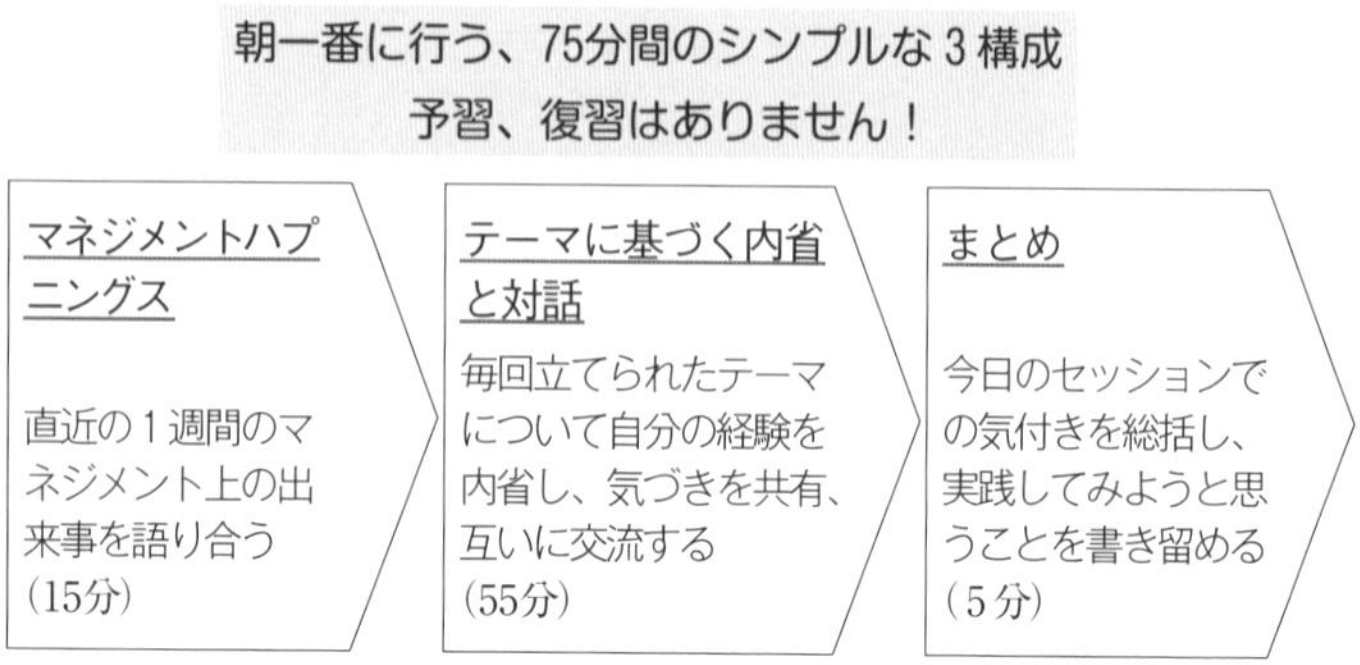
朝一番に行う、75分間のシンプルな3構成
予習、復習はありません！
マネジメントハプニングス
直近の1週間のマネジメント上の出来事を語り合う
（15分）
テーマに基づく内省と対話
毎回立てられたテーマについて自分の経験を内省し、気づきを共有、互いに交流する
（55分）
まとめ
今日のセッションでの気付きを総括し、実践してみようと思うことを書き留める
（5分）

開催します。市議会の開催期間などは休講ですので、開始から終了まで約八か月にわたるロングラン研修となります。原則として自主参加で、部長クラス一〇～一二名を三グループ編成で行います。私は、テキストの作成と研修でのファシリテーター役（進行役）を務めます。

ミンツバーグ氏は「カギを握る五つのマインドセット（モジュール）に従って判断を下すようになれば、マネジャーたちは自信をもって一貫した行動ができる」として、「内省」しながら、「現実的な行動」を選択するよう教えています。

私はここ数年来、公務の合間を縫ってミンツバーグ氏の著書を熟読してきました（『マネジャーの仕事』『MBAが会社を滅ぼす』『マネジャーの実像』など）。教授のマネジメント論の特徴は、第一に「実践への応用」を重視する姿勢です。第二は「戦略とは実践を通じて徐々に出来上がってくるもの」と言っています。すなわち、「戦略は事前に計画されるものではなく、実際にビジネスを進めて顧客の反応を知り、現場の声を聞き、試行錯誤の上に湧き上がってくるものだ」と主張しています。しかも、この学説を裏付けるために、多くのマネジャー（CEO）に密着調査して得られた実証的なデータなどを分析・評価しています。

私は、ミンツバーグ経営学の研究を通じて、実践重視のマネジャー論は企業経営だけでなく、自治体経営にも適用できると確信するようになりました。今回の「行政における経営・マネジメント研修」の理論的根拠として採用したわけです。

この研修は、平成二五年と二六年の二回、延べ一八名を対象に実施しました。終了後の振り返り懇親会での感想では、「朝が暗い冬期の研修は辛かった」などの意見は出ましたが、多くの受講者からは、「内容としては共感できる」、「有益だった、特に、毎回研修の初めに行う『マネジメントハプニングス』（図17参照）は日常の仕事を振り返るのに有効」など、前向きの意見が多く出され、有益だったのではないかと考えています。

第六章　健全な労使関係への道

一、大牟田市職員組合組織の沿革と特色

大牟田市の組合組織は、戦後間もない昭和二一年六月に従業員労働組合が結成され、三池争議が終わった翌年の昭和三六年五月一日に、一般行政職員、教育職員、単純労務職員及び企業職員の全単組が大同団結、大牟田市職員組合（以下、市職労という）を結成しました。同四〇年に、教育現業協議会と一般現業協議会が統合、大牟田市職員労働組合現業評議会となりました。

したがって、市職労は地方公務員法五二条で創設された職員団体と、労働組合法二条での労働組合が存在し、併存して市職労を構成しています。

組織としてはオープンショップ制をとっていますが、ほぼ全職員が組合員に加入しているほど、大変統制力の強い組織力を誇っています。なお、市職労は、三池争議や自治権確立な

どの実績や力量から、自治労福岡県本部の中ではリーダーシップを持つ、最強かつ先進的な組合と自他ともに認める労働団体組織です。

二、就任直後の組合交渉

（一）初登庁の日のできごと

市職労は、私の第一回目の選挙では現職候補を推薦し、組織挙げて運動していたこともあって、私の当選が決定したあとの庁内は、思いがけない敗北にあって緊張感に溢れていました。また、ネット配信していた「市政公約」へ市役所からのアクセスが急速に増えたのもこの時期です。

初登庁の日のことです。庁舎前には多くの市民の皆さんが集まり、私を送り出すための激励式などを盛大にやってくれました。しかし、いざ登庁となっても職員の出迎えも、花束贈呈もなく、私は一人で直接、市長室に出向いたことを覚えています。いかに幹部職員が動揺していたかを表わす光景でした。

初登庁した日に早速、多くの幹部職員などを前にして、これから四年間の施政方針を述べましたが、その中で、「職員の皆様に期待すること」として次のように話しました。

「多くの職員の皆さんは、今回の市長選挙で私が当選してくるとは予想されていなかったと思います。そして、新市長は何をしでかすか、と戦々恐々かもしれませんが、まず申し上げたいのは、ご安心くださいということです。戦いは終わったのです。『ノーサイド』の精神でいきましょう」

「多くの職員は、市民全体の奉仕者として真面目で、しっかり仕事をしておられます。しかし、市役所に対して市民からの不平や不満が多いのはなぜでしょうか。それは、個々の職員が悪いとか、さぼっているというのではなく、私は長年続いてきた市役所システムに問題があると考えています。『官での常識は、民では非常識』ということもあります。時代に合わなくなった慣行やしきたりには、市民の目が厳しくなっており、思い切って改革していかなければなりません」と訴えたのです。

新市長が何をしたいのかは「一〇〇日が勝負」とか、「鉄は熱いうちに打て」という格言もありますが、私は初登庁の日に、市役所改革を宣言しました。

第四章で述べたように、就任後初の議会は提出議案が相次いで否決されましたが、市職労との関係も同じように冷戦状態が続き、難渋をきわめました。

予備交渉を担当する人事の管理職は、組合との間に挟まって戸惑い、大変気の毒でしたが、彼らは新事態をよく認識し、全力で市職労に理解を求める働きかけをしてくれたことに深く感謝しています。

ここで、就任当初に起きたいくつかの労使問題にふれておきたいと思います。

（二）着任団交

新しい市長が就任した後、市職労は着任団交と称した団体交渉を要求する慣行があります。この儀式は、長年にわたって、市職労と歴代市長の間で確認してきた労使関係の基本に関する合意事項が新市長に引き継がれているか、を改めて確認する団体交渉です。

過去には、複数の保守系市長が選挙期間中に組合を敵視する発言があり、これに対して、その真意を明らかにするために着任団交が行われています。私の場合も、人事窓口から着任団交の要請が来ているとの報告を聞きましたが、結局、先延ばしすることにしました。なぜなら、民間企業の労使関係では着任団交の慣行はないこと、過去の労使協定を遵守するのは当たり前だが、時代に合わない慣行は改革する必要があること及び混乱する一二月議会への対応で多忙である、との理由からです。

しかし、着任団交せざるを得ない時期が必ず訪れます。平成一六年度予算編成で、相変わらず大きな歳入歳出のギャップ、つまり財源不足が明らかになったからです。歳入不足に対応するために、種々の経費節減対策は実施するものの、収支均衡に至らず、不本意ながら「空財源(*)」を計上せざるを得ない状況でした。そこで結局は、職員の人件費などを中心とした減額措置を検討することになり、市職労との交渉を行うことになりました。

この交渉の主なテーマは、定期昇給一年延伸や調整手当の廃止など、職員給与の縮減を盛り込んだ「財政再建緊急三か年計画」の申し入れでしたが、併せて市職労からの申し入れの着任団交として、労使関係の基本的な理念（退職協定締結に伴う「三つの基調、四つの基本」（後述）の確認を行いました。

大牟田市の場合、前掲した図13「決算の推移」及び表2「『予算操作』の計上額と実質収支の推移」（一二九、一三〇ページ参照）のとおり、昭和三〇年代から平成二二年度まで約五〇年間にわたって「空財源」が計上され続けていました。平成二三年度以降は実質収支の黒字が継続され、「空財源」は計上されていません

(三) 時間内組合活動の見直し

市職労は、その時どきの地方行政上の争点をめぐり、一貫して労働基本権の回復と地方自治の確立（いわゆる「自治権活動」）を追求する運動を展開してきました。

また、市職労が取り組んできた先進的な諸活動は、時勢を見据えた戦略と職場闘争を起点とした戦術（大衆団交）をフルに行使し、独特の組合運動として大きな成果を上げてきたと思います。そして、長年の活動の過程で築かれた運動方針や当局と交わされた組合活動の方法や労働慣行が、そのまま現在に引き継がれている面があります。

その慣行の中には、法律や条例を拡大解釈したものや特権的なものも含まれています。それらが議会や地元マスコミで明らかにされることによって、市民の関心が高まり、市及び職員に対するバッシングの対象になりがちです。市民からの信頼を確保するために、正すべき

は正していく姿勢が求められます。

市議会では、大牟田市民党（与党会派）議員が、前市長時代に市職労の特権的な取り扱いの実態解明とヤミ専従是正を求める質問をしており、私の就任後初の議会での質問でも再び取り上げて、その後の取り組み状況が質されました。

私はこの指摘に対しては、法律や条例に照らして厳正に対処すると答弁しました。

時間内組合活動の見直しに関する見解を、解説しながら述べておきます。

まず、時間内組合活動の現状と問題点を挙げていきます。公務員は、全体の奉仕者として、公共の利益のために全力を挙げて勤務すべきこと（職務専念義務）が義務付けられています。この職務専念義務の例外として、職員が勤務時間内に職員団体のための組合活動を行う場合には、条例による根拠が必要とされています。

大牟田市においては、昭和四一年に条例を制定し、地方公務員法で定める「適法な交渉」を、給与を受けながら行う時間内組合活動として認めています（「ながら条例(*)」という）。これに加えて、それに付随する準備行為や行財政改革、機構改革、事務事業見直し及び職場課題などについても同様に取り扱ってきました。いわゆる在籍専従や「ヤミ専従」の慣行を認めていました。

時間内における組合活動について基本的に考えてみますと、職員が受ける給与は職務に対する対価であるため、組合活動のような公務でない場合については、当然に給与を減額すべきもの（ノーワーク・ノーペイの原則）ですが、条例で特別の定めをした時に限って例外を認めることとされています。なお、条例で特別の定めをした場合でも、その範囲は当然に必要最小限に限定すべきものです。

こうした問題を持つ時間内組合活動は、当然その見直しが必要です。

時間内組合活動の範囲については、常に職務専念義務との調和の観点から検証されなければなりません。こうした観点から、納税者である市民に分かりやすく、理解を得られる基準として、法律でいう「適法な交渉」に限定していく必要があります。

また、行財政改革、機構改革、事務事業見直しなどに関連するもの、さらには職場課題など、これらの推進または解決にあたっては、今後、在籍専従職員を中心とした活動、または時間外での活動を基本とします。

以上のような考え方に基づき、労使協議を行った結果、いわゆるヤミ専従職員については職場復帰を促すことにしました。

三、労使関係の基本スタンス

（一）大牟田市の「労使関係」の歴史

大牟田市の労使関係の基本は、自主交渉・自主解決、直営堅持、事前協議制の徹底（管理運営事項を含む）という、他の自治体にない独特の特長があります。この基本スタンスの具体的な内容や大牟田市の労使関係がどのような経緯で形成されたのか、及び現在における課題などについて、労使関係の歴史を振り返りながら述べてみたいと思います。

先述したとおり、大牟田市は、明治以来一〇〇有余年にわたって三池炭鉱の隆盛に伴って発展してきましたが、それは「栄光と犠牲」が織りなす歴史でもあります。戦後二〇年間における大牟田市でのできごとを取り上げてみても、レッドパージによる職員解雇問題、三井鉱山「英雄なき一一三日の闘い」による指名解雇の撤回、革新市長の誕生、戦後最大の三池争議、最悪の労働災害「三川鉱炭じん爆発」及び大牟田市の赤字再建団体転落（昭和三九年）など、激動の歴史が刻まれています。

当然ながら、大牟田市の労使関係はこのような歴史的なできごとに影響を受けながら生成、発展してきたわけですが、市内の民間労組では最大の三池炭鉱労組が消滅し、他の三井企業労組も労使協調路線へ転換する中で、市職労が唯一、当時の階級闘争主義的な組合運動スタイルを守り通してきたように見えます。

大牟田市の労使関係の基礎を築いた時期は、大牟田市が赤字再建団体に転落する前年の昭和三八年から、電気税訴訟に踏み切る同五〇年までの期間とされます。『大牟田市職労四〇年史』（以下、『四〇年史』という）によれば、この時期を通じて、労働組合として様々な闘いを経験する中で市職労としての思想性を確立したと位置付けています。

(二) 労使関係における「三つの基本」

三つの基本とは、「自主交渉・自主解決」、「直営原則」、「事前協議制の徹底」です。

私は、就任後の着任団交前に大牟田市の労使関係を表す、この「三つの基本」を知った時に、正直にいえば違和感を持ちました。なぜなら、自主交渉・自主解決といっても、公務員の給与などの勤務条件や服務上の義務などは、すべて関係法律、条例及び規則などによる強制法規に属するもので、たとえ労使間で合意したとしても自治体独自で決定することは可能なのか、という疑問です。

「直営堅持」は、主に現業職場において行政が直接住民に責任を持ち得るための原則ということですが、現実は、職員と民間の委託社員との混在職場になっています。直営堅持とは、民間を追い出して完全直営にするというのでは「民間活力の導入」の行政方針に反するのではないか、といった疑問です。

事前協議制の徹底は、労働組合法で保障されているルールなので現業職場では理解できるのですが、地公法では「管理運営事項は交渉の対象にならない」と規定されているのになぜか、という疑問です。

この「三つの基本」に歴代の市長（保守系）はどのように対応したのでしょうか。

『四〇年史』によれば、昭和五四年五月の着任団交の模様が詳細に記述されているので、次に要約して引用します。

「新市長は、選挙公約に『庁内より赤旗をなくす』『庁内管理体制の確立』など、市職労に対する敵対姿勢を宣言し、その反動性をむき出しにしている。我々は長年の苦しい闘いの中で築き上げてきた行財政確立運動を対置し、反動市長と対決し闘い抜く」と着任団交の目的として新市長を糾弾することを宣言しています。そして、三度にわたる交渉を行い、「清掃改善闘争など、これまで取り組んできた闘いの歴史や労使慣行の成果などを明らかにし、市長の考え方を徹底的に追求した」結果、市長は「給与の改定は、労使の自主交渉を基本とする、給与の引き上げは、人事院勧告を最低のものとして保障する、従来の労使慣行については、基本的には尊重するが、改善すべき点は今後誠意をもって、交渉の中で改善する」と回答し、交渉は終結をみました。

このように、歴代市長は、労使関係の「三つの基本」には強い疑問を抱きながらも、長年、多くの行政課題に労使の信頼関係のもとで真剣に取り組んできた実績と成果について、十分に傾聴し確認した上で、「三つの基本」を自らの市政運営の中に取り入れたものと推測します。

(三) 私の「三つの基本」への現実的対応

私は、この「三つの基本」については、時代に応じた解釈が必要との考え方に基づき、これまでの交渉において、市職労との間で確認した内容は、次のとおりです。

「自主交渉・自主解決」は、

職員の給与などは、その水準を守っていくという基本的姿勢に立ち、情勢適応の原則や均衡の原則に基づき、人事院勧告で示された給与水準や他都市の給与水準、さらには大牟田市が置かれている状況などを十分踏まえながら「自主交渉・自主決定」の原則のもと、職員の給与水準などの決定に努めます。

「直営堅持」は、

「行政が直接住民に責任を持つ」という直営原則の考え方は、今後とも変更するものでなく、具体的な事業展開については、平成一八年一一月に「現業職の見直し」で提案しているとおり、市民の負託に応え得る簡素で効率的な行政執行体制の確立に向けて、労使協議を行います。

「現業職の見直し」の内容は、現業業務に対する行政責任を確保できる、最低限の職員数を目標に、計画的な民間活力などの導入を図るとともに、現業職員については事務職職場への配置転換を積極的に図るというものです。

「事前協議制の徹底」は、

職員の労働条件に関する労使間の課題であり、これは関係法令に基づき、事前協議を基本とした労使の交渉により主体的に決定すべきものであり、決定した事項について労使それぞれが誠実に履行することが、労使の信頼関係と民主的な労使関係を構築する上で、最も基本的かつ重要な原則です。

以上のように確認しました。

四、市職労の交渉スタイル

(一) 代表的な交渉スタイル

代表的な交渉スタイルとしては、職場要求・職場交渉、大衆団交方式、自治権確立の取り組み(地域共闘)です。

この市職労の交渉スタイルは、もともと先鋭的な三池炭鉱労組の方式を受け継いだもので、本家は消滅したにもかかわらず、長年にわたって唯一純粋培養されて今日に至っていると考えています。

この三つの代表的な交渉スタイルは、組合要求の実現のために、市職労総ぐるみで当局と対峙し、当局に大きな圧力を与えようとする戦術です。他市に例のない、独特の方式と思われますが、古代ギリシャのポリスで生まれた「直接民主制」を彷彿とさせるものです。

たとえば、職場の中に反社会的な問題や管理の行き過ぎなどがあれば、労使交渉で是正できるという長所もあるので、節度ある運用であれば最も民主主義を体現する方式ともいえ、一概に否定はできないと思います。しかし、これらの交渉スタイルを地公法は全く想定していません。

(二) 交渉事項に関する法律上の位置づけ

交渉の当事者

まず、当局とは、「交渉事項について適法に管理し、または決定することができる地方公共団体の当局」(地公法五五条四項)としています。

他方、職員団体側は、「職員団体と当局があらかじめ取り決めた員数の範囲内で、職員団体がその役員の中から指名するもの」(地公法五五条五項)とされ、職員団体側の交渉当事者は役員であることが原則です。

また、交渉に先立ち、員数、議題、時間、場所その他必要な事項をあらかじめ取り決めて行われます(地公法五五条五項)。この制度は交渉をスムーズに行う目的のため法律上定められたもので、予備交渉を行わない場合及び予備交渉が成立しなかった場合には、本来の交渉に応ずる必要がないとされています(地公法五五条七項)。

（三）職場要求・職場交渉

職場闘争は、マルクス・レーニン主義の「向坂教室」に大きな影響を受けた三池炭鉱労組が、昭和二〇年代後半から、職場の問題解決のために取った戦術です。やがて、全職場に拡大され、その過激な職場闘争の結果、職場秩序の乱れや低能率をきたして会社側に大損失を与えました。同三五年に起きた戦後最大といわれる三池争議の遠因は、会社を敵とする組合理論と職場闘争の排除にあったともいわれています。

三池争議、デモをする組合員と支援者

『四〇年史』によれば、同三六年四月に市職労として再発足した第一回定期大会の運動方針に「職場闘争」を、次のように強調しています。

「安保・三池の大闘争に結集する中で、組織統一の成果を勝ち得たが、日常の職場における問題は山積みしている。それを一つひとつ解決していくためには職場からの闘いが重要である」

明らかに三池争議や「向坂教室」の影響が見られますが、職場に解決すべき問題点が多々あったことも事実です。

昭和三七年に、自治労は当時社会問題化していた清掃労働者の身分的差別や低賃金を打破するために「都市清掃改善」闘争の方針を打ち出し、全国統一闘争として進めました。市職労は、この清掃改善闘争に続く第二次清掃改善闘争（昭和四四年）を「市職労運動の拠点」と位置付けています。

清掃改善活動が職場闘争の原点

『四〇年史』は次のとおり記述しています。

「市職労における清掃改善闘争はこうした全国的な動きに先駆けて、同三六年より自治研活動の具体的な実践課題として位置づけられ、職場環境改善、労働条件を中心に『第一次清掃改善闘争』を開始した。これに対して、当局は赤字財政を理由にこれを拒否し、真剣に清掃問題を重要な行政課題に挙げようとしなかった。

市職労としては、具体的に清掃活動を進めるために、

一、執行委員自ら体験収集を行って現場実態を知る活動

二、要求根拠を明らかにするための調査活動として『住民アンケート、請願署名、住民懇談会』を積極的に実施することで、『住民とともに』という住民共闘の思想性が芽生え清掃改善活動が大きく前進したのである」

このように、大牟田市では公務員職場の様々な差別の撤廃や低賃金の改善などを目指し、市職労発足以来、職場要求・職場交渉方式が始められ、慣行化しているのです。

また、赤字財政再建団体下での賃金交渉（昭和四三年度）では、当局の「給料切り下げ」

などの申し入れに反対する闘争戦術として、次のような、精緻かつ本格的な戦術「職場要求・職場交渉」が決定し、その後の交渉スタイルを決定づけたと思われます。

○具体的な戦術・手法として、職場分会、支部を中心に大衆宣伝、大衆行動を組織し、同時に闘いの一つひとつを点検し、職場要求と結合させて闘いを進める。

○闘いの出発点は、組合員大衆が市当局の攻撃の内容と本質を具体的に理解することである。そのために、職場オルグ、支部役員会議、階層別集会、教宣ニュース、ステッカー、壁新聞などによる徹底した教宣をはかる。また、組合員の家庭への教宣と同時に、家庭の意見を闘いに反映させる。

○交渉は、賃金確定などを一体として進める。そのために所属長交渉と統一交渉を強化する。

○団体交渉は、大衆教宣の場であるとともに、実力行使の場である。したがって、この団体交渉の意義を十分に活かし、粘り強く反復してすすめる。

こうした方針を決定した執行委員会は、職場分会長を先頭にした交渉や、執行委員会が指導援助する職場交渉など、支部・分会の力量に応じた交渉を連日実施しました。

他方、職場闘争を基礎にした反対闘争の進展の中で、「大浦保安闘争」（昭和四三年）や市長室前での座り込みなど、職場での激しい交渉が展開されるに伴い、職場における管理職の権威が失墜していったのは当然の成り行きです。かつての三池闘争時における職場実態（サボタージュなどによる生産力低下）を想起させる戦術です。

職務専念義務のある職員が組織する公務員組合としては、当時の職場闘争方式は行き過ぎだったと考えます。

（四）大衆団交方式

労使交渉は通常の場合、予備交渉を経て、選ばれた各代表者数名が交渉人となって行われます。

しかし、大牟田市の場合、組合側は執行委員及び一般組合員が大勢参加します。しかも、一般組合員は意見表明ができるとともに、合意形成の場面にも参加します。この戦術もまた、三池闘争から生まれた方式といわれています。

『四〇年史』は、大衆団交のハイライトの事案として、次のように記述しています。

「昭和四四年四月七日、『勤評、賃下げ』反対闘争は、かつてない労使の激しい攻防の中で大きな局面を迎えた。市職労は、この日午後九時からの団体交渉に各職場の代表者を含めて三〇〇名体制で臨んだ。しかし、市長はじめ当局は一歩も譲らず、徹夜交渉の末、いったん休憩となった。翌八日午前八時三〇分、市職労は早朝全員集会を指令し、玄関前における全員集会で交渉経過を報告した後、直ちに全員で市長室前の廊下に座り込んだ。こうして全組合員が見守る中で団体交渉が再開され、ついに市長は『賃下げの撤回と勤評の再検討』などを回答し、激しい闘争が終結した」

(五) 自治権確立(「退職協定」)の取り組み

市職労は、厳しい赤字財政のもとで、自治権確立の取り組みを重要な運動と位置づけ、当局と連携しながら推進してきました。その代表的な事案は、「退職協定」(昭和四八年三月)と「し尿紛争」(第三次清掃改善闘争・四八年五月)だといわれます。

大牟田市の退職協定は、国が「公務員定年制」を法制化(昭和五六年)する以前の昭和四八年三月に労使締結されたという、前代未聞ともいえる先進的な取り組みでした。

定年制がない時代は、大牟田市の場合、昭和四七年度に七五歳の最高年齢者をはじめとして、五七歳以上が一六一名(組合員の約一〇%)に達していました。

職場における高齢者の増加は、「高齢者と若年層の対立・内部矛盾や職場の混乱及び新規採用ストップ」などの問題点が明らかになるとともに、組織の内部問題の拡大に市職労としても看過できず、昭和四七年五月、全国に例のない、いわゆる「定年協定」の方針を提起することになりました。

『四〇年史』によれば、市職労として退職協定の方針提起はしたものの、組合員の理解は全体のものとなりえず、連日、本格的な団体交渉と職場討議を繰り返した、と述べています。

協定締結に至るまでは、職場討議の徹底による組合員の理解と、対象となる高齢者層の納得などに十分時間をかけるとともに、定年制反対を唱える自治労福岡県本部との間では激論の末、昭和四八年三月の臨時大会で、当局と合意した「退職協定」を圧倒的多数で承認、確認されました。

市職労の取り組みは、当時、慢性的な赤字財政を解消するために、高齢職員への退職勧奨を強力に行うものの実績が上がらず追い詰められていた当局に、強い影響を与えました。当局は、局面を打開すべく市職労の申し入れに前向きに応じ、その後は労使共同して精力的に取り組んでいくことになります。

このような経緯と、赤字再建団体後の反動も加わって、退職協定締結後の労使関係は、市職労ペースで進められるようになります。反合理化の基本路線を持つ市職労は、「人件費や職員定数問題などは労使交渉で決める」方針のもと、内部問題への行政のタッチに厳しい姿勢をとり続け、他方、行政当局も具体的な内部改善策に関する労使交渉を躊躇する状況が続いたことに、大牟田市の特殊な行政体質が歴史的に形成された要因があるのではないかと考えます。

このような経過を経て、労使による自治権確立の取り組みは、外部（国や三井資本）に向かって行政制度の矛盾を指摘し、その是正措置を要求する「自治権の拡大運動」として数々の政策要求が展開されていきます。その結果、電気税の非課税措置に伴う訴訟として、前例のない「電気税訴訟」(*)（昭和五〇年四月）を市長の手で提訴する方向へと進んでいきました。

大牟田市は昭和五〇年四月、福岡地裁に電気税訴訟を提訴しましたが、福岡地裁は同五五年六月、請求棄却の判決を下しました。

電気税訴訟の解決は、昭和五四年四月に就任した新市長が、最終的に昭和五六年一月、電気税訴訟の控訴の取り下げを福岡高裁に行い、事態の収拾を図るに至りました。

(六)「三つの基調、四つの基本」

その後、昭和六〇年に施行された「定年制の法制化」をめぐって、「退職協定」の存在意義が労使間で議論されました。その結果、この協定は労使の基本に係るもので、その意義はますます重要であると位置付けられ、次のような、行財政確立運動の「三つの基調、四つの基本」が労使で確認されました。その後、毎年労使間の確認のもとに整理され、大牟田市の労使関係の基本的な性格として定着してきたといえます。

「三つの基調」とは、「自治権の確立」「住民サービスの向上」「労働条件の向上」。

「四つの基本」とは、

一、労働基本権の回復に向けて、①労働基本権回復に向けて任命権者として努力する。②現行法否定はできないが、特別権力関係(*)に立たないことを確認し、実質労組法に基づいた労使関係とし、賃金、労働条件についての協定は、労働協約として対処する。③専従制度は、労働基本権を尊重する立場で具体的に協議する。

二、退職条件の改善、社会保障の拡充及び退職職員と在職職員との交流については労使協議する。
三、この協定は、「人減らし」「人件費抑制」を目的とするものではなく、自治権の拡大、住民サービスの強化という観点に立つものとする。したがって、退職後の補充は一対一で補充するが、行政需要、住民サービスの観点から、補充にあたっては労使双方協議し重点的に配置する。
四、以上三つの基本を踏まえ、その具体的実現を目指す手立てとして、協定は一年協定とする。

とされました。

五、大牟田市における労使関係の背景

これまで述べてきたように、大牟田市の労使関係は独特の性格及び交渉スタイルを持ち、それは形式的ではあるものの、今日まで継承されています。この労使関係はどのような要因や経過を経て生成され、発展してきたのか、について、『四〇年史』などの諸資料に基づいて事実確認しながら、私なりの見解を次に述べてみたいと思います。

次の三つの要因が考えられます。

一、三池争議（特に向坂教室）の影響
二、革新市長時代（昭和三〇年～三八年）の宥和政策
三、伝説的なリーダーの存在

（一）三池争議（特に向坂教室）の影響

総資本対総労働の対決といわれた三池争議（昭和三五年）は、向坂教室と職場闘争を抜きにして語ることはできません。

向坂教室の教えを一言でいえば、マルクスの「窮乏化理論」を駆使しながら、「職場には必ず不平・不満がある。その不満の原因は資本主義体制での宿命的な課題であることから、活動家は職場の中での不平・不満を吸い上げ、学習活動を進めながら組織化（共有化）するという実践活動が重要だ」ということです。

三池労組は、有名な「英雄なき一一三日の闘い」（昭和二八年）による指名解雇の撤回などを勝ち取り、向坂派が執行部を牛耳るようになると、労働組合の性格は一変します。昭和三一年以降、職場闘争は拡大・激化し、要求をのまない係長（組合員）などは組合員から吊し上げられ、暴行を受け、さらには生産をサボタージュするようになったといわれます。

三池争議当時、三川鉱の現場で組合の職場闘争を体験した開発技術者の林静一氏は『三川鉱（一九三九～一九七五）』（西田書店、平成五年）の中で、次のように語っています。

「生産点における対決と称して職場闘争は激化し、大衆行動は反復され、三池においては書記長通達で連日吊し上げ、入坑遅延が激化し、職場は紊乱《びんらん》をきわめた。生産も極度に低下、暴行事件は頻発し、三鉱連（企業連）は指示を出して大衆行動に関する統制をしなければならぬ程だった」と述べています。

また、職場闘争については、三池闘争時の副組合長だった久保田武已氏は『わが三池闘争――かくして敗れたり』（朝日新聞社西部事業開発室編集出版センター、平成五年）の中で、次のように語っています。

職場闘争が「職場に持ち込まれ、経験のなさや性急を求めたこともあって紛争を醸した。一方、経営側からみれば、権限のない係長に対して職場要求を出したり、交渉を強要したり、争議行為を行うことは『山猫スト(*)』だと驚いた。

私は三池での職場闘争について、自己規制が遅れたことを痛んでいる。勢いに乗った大衆の流れは、少々の警告や制止では止めおおせるものではなかった。

反面、会社の毅然たる態度が望まれたのも事実である。この頃の会社の優柔不断さには頭をかしげたものだ。組合側から嘗められるのは当たり前だ」

三池争議では、全国から多くの組合活動家が派遣されましたが、市職労は地元労組として、全国自治労からのオルグ受け入れの拠点になるとともに、組合員のピケ動員など積極的に支援しました。そして、「安保・三池という大闘争に結集する中で、『労働者の真の力は団結と連帯である』などを学び、その実践として日常職場闘争によって組織統一の必要性を痛感」し、翌年五月、三単組の組織を統一して市職労として再発足したのです。

(二)革新市長時代(昭和三〇年~三八年)の宥和政策

昭和三〇年の市長選挙では、三〇五票の僅差で保守系現職市長を破って革新(社会党)市長が当選しました。

『四〇年史』では八年間に及ぶ革新市政を、次のように高く評価しています。

「第一に、長い間の保守市政下で抑圧されていた組合員の要求が一気に噴き出し、期末手当闘争中心の組合活動家から職場のあらゆる要求、臨時職員の定数化、差別昇給撤廃及び自治労共闘による春闘の取り組みなど、初めて市役所に『労働者』が生まれ、労働組合が誕生した感があった」

革新市政八年間における代表的な財政関係指標の推移は次のとおりです(上が昭和三〇年度の数値、下が同三八年度の数値)。

①人口:二〇万一七〇〇人→二〇万二三〇〇人
②市税収入決算額:六億九〇〇〇万円→一三億円
③一般会計財政決算額(実質収支):▲三〇〇〇万円→▲五〇〇〇万円(八年連続赤字)
④職員数(条例定数):一三五八人→一八六二人

この期間での変化は、人口はほぼ維持されているのに、職員数が大幅に増えていること（その主な理由は給食調理員を含む臨時職員の正職員化の人数が五〇〇名を超えることによる）及び市税収入は約二倍増えているのに、実質収支は毎年赤字である、ということです。

特に、職員数の激増は人件費の増大を招き、赤字財政がますます拡大していきましたが、同時に、企業合理化によって指名解雇された退職者などの多くを市職員に採用したことが、市職労のマルクス・レーニン主義的な運動路線をさらに強固にし、将来に禍根を残したという指摘もあります（表3、一三二ページ参照）。

八年間の革新市政の宥和政策によって、「民主的な」組合活動、とりわけ、市職労運動の中心をなす自治研活動はじめ、賃金労働条件の闘いが強力に展開された反面、市財政は危機的な状況に陥り、翌年の昭和三九年から五年間にわたって「財政再建準用団体」に指定されました。

(三) 伝説的なカリスマ・リーダーの存在

市職労の中で今でも「伝説の組合リーダー」として語り継がれている、異色の人材がいます。大城毅氏がその人です。彼は、市職労再発足時からマルクス・レーニン主義の運動路線構築に深く関わり、長年にわたって組合専従役員を務め、今日に至る独特の労使関係の基盤を築く中核として活躍しました。清掃改善闘争（第一次～第三次）、退職協定及び電気税訴訟という、市職労を代表する自治権確立の闘いに主体的に参画し、指揮命令するとともに、当局との交渉で真っ向勝負して闘った、カリスマ的な組合リーダーだったと思います。

(1)大城毅書記長の経歴と実像

大城毅氏は、市職労の創成期に二六歳の若さで執行部入りをして以来、市職労再発足時(昭和三六年)に書記長になり、通算九期にわたる専従書記長をはじめ上部団体の専従書記長及び市職労執行委員を務めるとともに、退職後も終身(平成五年逝去)、特別執行委員を委嘱され現役役員の指導育成に当たるなど、組合運動一筋の経歴の持ち主です。しかし、このような豊富な組合歴を誇りますが、トップ(委員長)に就くことはなく、自らも参謀タイプだとして、トップに就かないことを美学(信条)としていました。

非専従の期間も、労使確認の上、いわゆるヤミ専従として組合用務を行っています。彼は長い間、実質的に市職労を支配・統制していたといわれています。

(2)大城毅氏の人物像

大城氏が亡くなって二十数年経っているので、彼の組合活動に関するすべては知り得ないのですが、当時ともに活動した人たちの証言や残された文書などをもとに、ランダムに彼の人となりについて触れたいと思います。以下は当時を知る人たちの証言です。

社会主義者だが、ガリガリの左翼ではない。本人は社会党大田派(右派)と言い、向坂派とは一線を画していた。また、三池労組出身者(指名解雇者など)とはソリが合わず、執行委員会では激論になることがあった。

日頃、「三池争議は反面教師」と言っていた。教条的、一方的な議論はせず、自らは闘いの潮時を見極めることに注力していた。運動論は過激だが、当局との交渉は緻密に行っていた。

読書家。自宅には多くの蔵書があった。毛沢東の『矛盾論』が愛読書だった。

自分で戦略・戦術を練り上げ、細部は各執行委員に割り振るといった仕事の進め方をした。重要な問題（例えば退職協定）で、方針に異論が出れば、執行委員会や職場討議を徹底的に行った。時間無制限だった。

大城氏の人間像には毀誉褒貶《きよほうへん》ありますが、人を引き付ける魅力があったといいます。


次に『四〇年史』より、大城氏自身の証言を記します。

「市職労統一と清掃改善」では、次のように記されています。

「市職労の組織統一と清掃改善の取り組みは表裏一体のものであった。

明治憲法下で培われた公務員の職場は、制度的にも、慣行としても、また思想的にも『お役所・お役人』が色濃く残っていた。

一般職と現業職という職種による差別など数多くの差別が残存していた。こうした状態を改善しなければ、市職労の統一は形だけの統一であるといえた。真の統一を勝ち取るという認識の中から、第一次の清掃改善闘争が始まったのである」

「退職協定の提案にあたって」では、

「今だから言えるが、考えに考え抜いて起草した、いわゆる『定年協定』方針案は、執行委員会に提案するまでに三か月余りもかかり、同時に勇気がいった。私が懸念していた通り、執行委員会は紛糾し、とくに若手の執行委員からの反発が激しかった。（略）方針案の提起から一年にわたる闘いの結果、退職協定を妥結し、中央委員会はもちろん、高齢者の組織である『親和会』の会合でも圧倒的な支持を受けて協定が成立した。私としては、この時初めてホッとする思いがあった。長い間、共に闘ってきた仲間との『温もり』を失わずにすんだためだった」

「し尿紛争から行財政確立運動へ」では、

「赤字財政再建団体下における闘いの総括と、その後の闘いの中で、『自治体労働者の労働運動を進めるにあたっては、住民の素朴な声を大切にしなければならない』などを学んだ。し尿紛争は、市職労の全組合員はもちろん、管理職まで巻き込んだ闘いに発展させて闘い抜いた。しかし、最後の決め手は何といっても、清掃改善の実践の中からつくりだされた直営に対する住民の理解と支持であった。

市職労の労働運動は住民を意識し、住民の立場に立った行財政の確立に向けて、職場における日常業務の見直しから取り組まなければならないと厳しく認識させられた」

「電気税訴訟の思い出」では、

「電気税訴訟までの二年間、労使双方が行財政確立に向けて必死の内部努力をする一方、『電気ガス税非課税』に対する訴訟準備を進めた。しかし、こうした大牟田市の行財政確立の取り組みに対する、三井グループはじめ地元保守勢力の目には、『中央の自民党に対してケンカを売る』と映ったに違いなかった。

こうした地元保守勢力の地方自治に対する認識が、歴代の市長を一期四年でスゲ変えてきた結果を作ってきたのである」

六、市長時代における三大労使交渉事項

私の市長在籍期間は三期一二年。平成一五年から二七年まで務めました。この間、多くの労使交渉（大衆団交）に臨み、執行委員及び組合員とお互いに熱い議論をたたかわせました。その中で、労使関係史上、例のないような厳しい内容の提案をめぐって、その解決のために労使双方が苦労を共にし、汗をかき、最終的に苦渋の決断で妥結することができた、私にとって記憶に残る大きな交渉事案があります。

それは次の三件です。

・職員給与一〇％カット交渉（平成一九年）

・市立病院の独立行政法人化移行（同二〇年）
・現業職場への行政職給料表(一)の適用（同二六年）

(一) 職員給与一〇%カット交渉

(1)就任前後の地域経済と市政の状況

大牟田市のまちづくりに多大な影響を与えていた三井鉱山は、平成九年に三池炭鉱の閉山ののち、産業再生機構の下で再建に動いていました。中心市街地では大型店の撤退や老舗百貨店の松屋も長い歴史に幕を下ろしました。

地域の疲弊に歯止めがかからない中で、国からの支援による各種の閉山対策は失効の時を迎えていました。

大牟田市では慢性的な財政赤字が長年続き、当時のマスコミには、「第二の夕張」になるのは必至であるとの論調がなされ、大牟田市の財政危機が全国に喧伝されました。「再建法による再建か」または「自主再建か」は重要な選択でしたが、過去に再建法の適用で塗炭の苦しみを味わっている経験から、私は、迷うことなく自主再建を目指すとして、そのために「聖域なき行財政改革」の断行を公表しました。

市長就任以来、様々な財政再建計画を策定し実施してきましたが、平成一六年度に国の三位一体改革により、地方交付税が大きく減額される事態となったことで、目標としていた平

表５　大牟田市財政健全化計画（平成20年８月）
取り組み効果額

（単位：百万円）

項目＼年度	20	21	22	23	24
◆経常歳出の削減		336	336	336	336
(1)枠配分額の10％削減		336	336	336	336
(2)市債発行の抑制による公債費の縮減				(3)	(10)
◆人件費の削減	26	604	603	512	516
(1)職員配置の適正化	26	102	197	358	516
(2)職員給与の減額	(548)	502	406	154	
◆収入の確保		284	284	284	284
(1)使用料・手数料の適正化		178	178	178	178
(2)税率の改定		106	106	106	106
◆累積赤字解消のための臨時的対応	149	1,232	988	1,005	
(1)公営企業会計への繰出金見直し	(300)	230	230	230	
(2)基金等の活用		525		197	
(3)遊休資産の売却			211	238	
(4)産炭地域活性化基金の活用	(149) 149	468	539	334	
(5)特別職等給与の減額	(9)	9	8	6	
◆その他		3	8	14	25
取り組みに伴う繰上充用金改善額		175	2,634	4,853	7,004
合計	175	2,634	4,853	7,004	8,165

成一七年度の単年度収支均衡の達成が危ぶまれる状況となりました。そこで、さらなる人件費の削減や経常経費のカット及び有料指定ごみ袋導入などを実施して、約六七億円の財源対策を講じた結果、平成一六、一七年度の単年度収支の黒字は達成しました。

(2)財政健全化計画の策定と取り組み

しかし、国の三位一体改革による地方交付税の更なる減少と国庫補助金の見直しがあって、一層の財源不足が生じ、大牟田市財政の危機的状況は継続することになります。

そこで平成二〇年八月、私として最後のプランと位置付けた「財政健全化計画」を策定、公表しました（表5参照）。

この内容は、私自ら原案を描くとともに、職員提案を求めながら、庁内挙げて検討し具体的な対策案としました。計画期間は四年間。平成二三年度末までには各諸元を達成することにしました。特に、この計画の目玉となったのは、歳入では軽自動車税と法人市民税の超過税率導入と、歳出では年間二〇億円の財源効果を目指す人件費及び公債費の削減です。

(3)大牟田市における職員給与費削減計画

人件費削減の方法は、基本的には「職員配置適正化方針」により、平成二三年度末までに約二〇〇名の職員を削減することです。しかし、公務員の場合は地公法によって職員の身分が保障(*)されているので、民間のような強制退職の手法はとり得ず、計画的（年次的）な定員管理のもとで、毎年の削減数を「定年退職者＋希望退職者」数とします。

職員配置適正化方針の考え方としては、以下のように提案しました。

「目標とする職員数は、類似団体の職員数を参考指標として設定します。しかし、現実には、職員配置計画に計上する各年度の職員数は目標職員数を超過するし、職員給与費も二三年度末までは目標職員給与費を超過します。しかし、四年間の計画期間の中では、経年ごとに超過額は低減していきます」

給与カットの考え方として、

「大牟田市で実施した職員給与費削減計画のポイントは、目標職員数を超過する人数に相当する給与費について、自主的・自立的な減額（給与カット）を行うことで、各年度の給与費総額を目標職員給与費に近づけていこうとする取り組みです。

理論的にいうと、職員給与費は『平均給与単価×職員数』ですが、目標給与費を上回る各年度の超過額を在籍する職員の自主的な『給与カット』で減額するということです。年度ごとに退職者が発生して職員給与費は減るので、『給与カット』額は年度ごとに低減していき、四年目の最終月で終了します」

(4)給与カット交渉は徹夜、暁の妥結

私は、財政再建を最大の政治課題に掲げて市長になっていますので、重要な節目となる市職労との団体交渉には必ず出席しました。それらの中で最も印象深い交渉は、平成一九年二月に行った「職員給与一〇%カット」に関する団体交渉です。

私（トップ）が出席する団体交渉は四回にわたって開かれました。いずれの交渉も一〇〇名以上の組合員が参加・結集する大衆団交方式でした。

当局の「職員給与一〇%カット」提案に対して、多くの組合員から出された意見・反論は大別して次のとおりです。

「これまでも財政再建緊急三か年計画などを労使協力して実施し成果を上げてきたと思う。今回の財政危機に際して、職員としてさらに頑張ろうという気持ちを持つためには、財政再建に対する市長の強い決意と、その裏付けの説明及び責任ある確かな希望を示すことが不可欠だ」

「職員給与カットだけで財政危機をしのごうとする考えでは議論にならない」

「事業の取捨選択にあたって、これまでの交渉で組合が問題提起したことも含めて、職員の声を真剣に聞いて議論したのか、疑問だ」

私はどの意見もまさに正論であり、当局としても十分に肝に銘ずべきだと思いました。

「給与カット一〇％」の申し入れ以降、団体交渉や事務折衝などを断続的に積み重ね、翌二月七日、最終となる団体交渉を行いました。

冒頭、私はこれまでの市職労の指摘事項について、縷々説明するとともに、「職員が働き甲斐を持って職務に専念できるように、全身全霊をもってわがまちの再建に取り組む」と改めて強い決意を表しました。

しかし、交渉は膠着状態が続き、休憩をはさみ何回も中断しました。長い休憩の後、深夜一二時過ぎに再開した交渉で「給与カット九％」の修正提案をして妥協を図りましたが、大衆団交で参加している組合員はこの遅い時間になっても誰一人帰宅する者はいなく、執行部として妥協する雰囲気ではなかったと思います。しばらく重苦しい時間が過ぎていた頃、現業職場の若手執行委員が手を挙げて発言を求めました。彼は現業組合との交渉でいつも厳しい意見を言っていたので、何を言うのか内心心配しましたが、彼の発言内容は「修正提案の内容は一定理解するが、組合員の生活実態を考慮した場合にあまりに犠牲が大きすぎる。市長はじめ特別職は何もしないのか」という趣旨でした。

私はすでに給与三〇%カットを実行しているのに、さらに何をせよというか、との思いもありましたが、膠着した交渉を打開するチャンスと捉え、交渉団に「何ができるか検討するので暫時休憩したい」旨告げ、再び休憩に入りました。

市長室に集まった特別職の皆さんに、私は「この際、交渉打開のために市長給与カットを一〇%上乗せするので協力して欲しい」と打診したところ、一同異議なく了承してくれました。

この上乗せ措置によって、カット率は市長四〇%、助役二五%、教育長と企業管理者が一五%になりました。

交渉再開後、私は市長・特別職の更なる給与カット率の上乗せを発表しました。交渉団の中央に陣取った執行委員長が後ろを向いて一〇〇名を超す交渉団に、「そのほかに意見はないか」と促すも、特段意見が出なかったので、執行委員長が「当局の修正提案を了解する。あとの配分は窓口折衝で引き続き協議する」と宣言。事実上の合意に達した瞬間でした。この後、窓口折衝が朝方まで延々と続きました。

夜が白々と明ける時刻になって、最後の交渉が開かれました。この時刻になるとさすがに当日の勤務などで帰宅した組合員もいましたが、まだ過半数が待機していました。

いよいよ最後の交渉では、窓口折衝で協議された配分案が中心議題となりましたが、最後に、委員長から「財政再建に対する当局の熱意はしっかり受け止めた。今後、労使の信頼関係を再構築し、自主再建に取り組む決意をもって給与カットを決断した。今回の減額率は九%だが、当初の財源不足七億円に足りない分（六〇〇〇万円）は、平成一九年度中に労使で知恵と汗で生み出していきたい」と受諾と今後の決意を述べてくれました。

市職労としては、まさに苦渋の決断での受諾であり、私は市職労の心情を思いやるとともに、感謝の気持ちで胸が熱くなりました。すべての協議が終わり、交渉団の万雷の拍手のもとで、私と委員長は固い握手を交わしました。中断を含め一四時間二〇分にわたるロングラン交渉が遂に終結をみました。最大の難局を乗り越えた安堵感と市職労への感謝の気持ちとが相まって、私の目には一筋の涙が流れていたと、今でも冷やかされます。

翌日配布の市職労機関誌に、次のような内容で交渉の経過と総括が述べられていました。「労働組合の使命である『組合員の生活を守る』との視点に立てば、いうまでもなく大敗です。地方自治確立という市職労の視点に立てば、自主再建の道を選択したことは当然といえます。（略）労使で自主再建を確認し合ったからには、今以上に『市民のために胸を張って頑張っている市役所』に変革していくことが必要です。市職労は、二〇〇七年を組合員の

(1)2008年12月10日(水)　自治労大牟田市職労

第381回 中央委員会
と　き　12月18日(木)　午後5時30分から
ところ　職員会館2・3会議室
※中央委員の確実な参加をお願いします。

大牟田 市職労

発行所
自治労大牟田市職員労働組合・組織情報部
〒836-8666 大牟田市有明町2丁目3番地(市役所内)
TEL 0944 (57) 8668
FAX 0944 (53) 7423

号外

月例給9.5%相当の賃金カットについて妥結

市職労はきのう(9日)、11月20日の秋闘ヤマ場交渉で当局から提案された

これに対して組合からは――
□これまでは、12月期の決算見込み

では計画通りに進んでいないが、今後も引き続き現場の知恵を借りながらな

(1)2007年1月22日(月)　自治労大牟田市職労

財政状況に関する統一交渉
と　き　1月23日(火)17:30～
ところ　企業局3階講習室
参加態勢　機関役員(支部・分会長、企労執行委員、現評幹事、ユース部常任委員)、分会2割

大牟田 市職労

発行所
自治労大牟田市職員労働組合・組織情報部
〒836-8666 大牟田市有明町2丁目3番地(市役所内)
TEL 0944 (57) 8668
FAX 0944 (53) 7423

号外

「第2の夕張」にはならない

あす(23日)、財政状況に関する統一交渉
正しい情報を発信し、市民が住みたいマチづくりを

市職労はあす(23日)、企業局3階講習室で財政状況に関する統一交渉を開きます。「第2の夕張」という言葉が飛び交い市役所批判と将来への不安ばかりが強まるなか、夕張市の破綻経緯や負債額の比較、大牟田市も多額の一次借入金があるのか、本当に夕張市のようになるのかなど正しい情報を明らかにする必要があります。そのうえで、わたしたちが大牟田市の未来のために、いま何をすべきなのかしっかりと議論を行わなくてはなりません。市職労は行革の抵抗勢力ではなく、「地方自治を確立し住民福祉を守る」ための運動に取り組んでいる。

思えるマチをどうつくるかといった議論をすべき。市職労ニュースやマスコミ、選挙を通して、正しい情報を発信していく。

2．市長の「集中と選択」

マスタープラン実施計画の正当性について、計画策定時点で予算が足りないことはわかっていたはず。無

「大牟田 市職労」号外（自治労大牟田市職員労働組合・組織情報部発行）

知恵と力の結集による、自主再建へ向けた行財政構造改革元年であると宣言します」

三十余年前に、大牟田市の行政診断を担当した大学教授から「市職労の行財政確立運動は『自治権の拡大』という外に向かっての運動」であり、内に対しては基本的に反合理化だ、と批判されたことがありました。今回の財政再建のための交渉は、市職労にとっても「外に向かってだけの自治権確立ではなく、内に向かっての合理化に取り組む」という、新しい自治権確立運動への転機になったのではないかと思います。

「真剣に喧嘩したあとに、本当の友情が宿る」という格言がありますが、財政再建はこの徹夜交渉の成果が基盤になって本格的に進んでいきました。

そして、計画より一年前倒しの平成二二年度決算で、一〇年ぶりに実質収支が黒字となりました。その後、直近の平成二七年度まで黒字決算を継続することができています。

なお、これまでの行財政改革の実施状況は図18のとおりです。

私は、理由なきパフォーマンスによる給与カットは論外と考えています。大牟田市の場合は「財政再建」の大義名分の下で実施したのですが、結局、職員給与の減額措置（九・五％～一二・二％）は、市職労の協力のもとで、私が市長在職した一二年間のうち、通算九年間の長きにわたって継続することになりました。

■図18　行財政改革の実施状況

行財政改革の実施状況

(1)　人件費の縮減（過去10年間の取り組み）
人件費総額20.5億円の縮減（普通会計ベース）
（H16年度109.3億円　⇨　H25年度88.8億円）

・職員数の削減
削減数305人　削減率25.1%（普通会計ベース）
（H16.4.1　1,215人　⇨　H26.4.1　910人）
※総職員（企業局等含む）の削減数699人　削減率40.3%
（H16.4.1　1,734人　⇨　H26.4.1　1,035人）

・給与等の減額

	市長給与	副市長給与	教育長給与	職員給料	管理職手当	議員報酬
H25	10%	10%	10%	7.6%	10%	8%
H24						
H23	30%	15%	5%	2.2%	5%	3%
H22	35%	20%	10%	5,8%	10%	6%
H21	40%	25%	15%	9.5%	20%	10%
H20	40%	25%	15%	9.3%	20%	10%
H19	40%	25%	15%	9%	20%	10%
H18	30%	12.45%	10%	3%	20%	3%
H17	30%	12.45%	10%	3%	20%	3%
H16	30%	12.45%		※昇給延伸		3%
H15	30%					

※昇給延伸：12ヶ月の定期昇給の延伸を実施

・現業職員について国の行政職俸給表(二)に準じた給与表を適用（H27～）

(二) 市立病院の独立行政法人化

平成二二年四月、大牟田市立総合病院から地方独立行政法人大牟田市立病院（以下、「(独) 法人」という）に移行しました。

地方独立行政法人化に伴って、市職労との関係で最大の問題は、病院で働く三五〇人余りの職員（公務員）を、市職員から法人職員（非公務員）にすることでした。市職労の組織力が弱体化することになります。

ここでは、平成二〇年一二月二五日に妥結した団体交渉（いわゆるクリスマス交渉）に至る経過と独法化の意義について述べます。

(1) 直営による病院経営の問題点

市立病院は、昭和二五年に開設し、平成七年に市立総合病院として現在地に移転新築され、当地域の基幹病院として市民の医療ニーズに対応してきました。その一方で、移転当初から赤字決算が続き、同一六年度末での繰越損失が五二億円に達するなど、厳しい財務状況にあり、議会などにおいて病院のあり方や存廃問題まで論議されるようになりました。

現行制度（地方公営企業法の一部適用）による病院経営の問題点としては、

一、曖昧な責任体制

市立病院の経営責任者は開設者である市長となっています。病院長には財務以外、人事・組織に関する権限がなく、結果責任が明確になっていません。

二、定員管理や運営における柔軟性の欠如

現行では、医師や看護師その他のスタッフはすべて市の職員として定員管理されているので、職員の新規採用や配置などにおいて、競合する民間病院のように迅速な対応が期待できず、特に診療報酬改定に伴う職員の柔軟な配置ができない場合に「得べ《う》かりし利益」を失うケースがあります。

三、年功序列人事制度の限界

市の職員と同一の人事・給与制度になっていて、病院業績と関係なく決定されます。また、市の財政状況が悪ければ、給与カットを受けることになります。また、年功序列の給与制度で運用されるので、若年層は民間水準より低く、高年齢層では高くなっています。

このような問題点があるので、市立病院へ多くの医師を派遣してくれている久留米大学からは、「現行制度では病院長に実質的な権限がなく、財務責任だけをとらされる。病院長や医師団がやりがいを持って働ける病院にしてほしい」という強い意向が直接、私に伝えられました。

(2)経営形態の検討と「独法化」方針の決定

私は、大牟田市立病院を大学の教育指定病院と位置づけ、全面的に人材を供給してくれる大学側の意向は大変重要であると受け止め、経営形態の検討に着手しました。

大学教授を委員長に、専門家や公募市民で構成した「経営形態検討委員会」は、公開の場で六か月間議論した後、「『市と病院との責任配分』という視点により合致するのは『指定管理制度』。但し、引受先が見つからないなどで平成二二年度導入に間に合わない場合には『(独) 法人』の導入も選択肢」と両論併記して提言されました。

また、審議会の提言後に開催された市立総合病院での検討結果は、次の理由で、「(独) 法人」が望ましいと結論づけました。

○指定管理者制度では、移行時に多額の退職金負担が必要なこと、職員の解雇・採用方式では医療スタッフに欠員のリスクが高い。

○「(独) 法人」は、柔軟な制度設計、迅速な意思決定及び効率的な病院運営が可能であり、医療スタッフ不足による地域医療の停滞を回避できる。

このような病院内外での経営形態の議論を経て、私は市としての意思決定に当たり、久留米大学に打診したところ、「大学として指定管理者になるゆとりはない」が、医師の確保については今後とも協力する、との回答が得られたので、提言では次善の経営形態として挙げられている「(独) 法人」を採用しました。

(3) 「(独) 法人」に関する市職労の方針

市職労は市立総合病院の経営形態闘争方針として、平成二〇年八月に「指定管理者制度の導入には断固反対。(独) 法人は否定しないが、移行する前に全適 (地方公営企業法の全部適用）を経験し、十分検証することが必要」といった、二段階論を打ち出していました。

(4)最終交渉となったクリスマス団体交渉

平成二〇年八月以降、病院では、精力的に支部交渉を開いて「(独）法人」の優位性を主張するとともに、診療科ごとに職員への説明会を繰り返し行いました。

他方、市職労では、専従の執行委員を病院職場にオルグさせ、市職労方針の徹底を図るべく、組合員（職員）の個別面談などを行っていました。

一二月二五日になって、市立病院から急遽、統一（団体）交渉をしたいとの申し出がありました。病院に出向くと、病院長はじめ幹部が勢揃いで待っており、早速交渉前の打ち合わせ会が開かれました。病院長から、これまでの経過と、支部では基本的に「(独）法人」化で了解点に達したので統一交渉で最終確認をしてほしい、との話がありました。

私たちはそのまま市職労の本部交渉団が待つ病院大会議室に足を運び、団体交渉の席に着きました。大会議室には、本部交渉団の後ろの席に看護部長はじめ一〇〇名を超す医師・看護師その他が着席していて、これまでの団交にない華やかな大衆団交の風景でした。

交渉では、病院長から支部交渉で「(独）法人」で確認された報告があり、支部長から当局へ若干の要望が述べられました。次に、市職労委員長が後ろの席に向かって「何か発言はありませんか」と促すと、看護部長が手を挙げて「私たちの仕事は患者さんの生命と健康を守ることです。どのような経営形態になろうと、それは同じです。どうか、病院で働く職員が誇りを持ち、やりがいのある『(独)法人』にして欲しい」という趣旨の発言をされたところ、後ろの席から大きな拍手が起こりました。

委員長は「今まで共に闘ってきた病院職場が組織から離れることは残念で、断腸の思いです。しかし、皆さんの意見を聞いて、病院が今後発展していくための『(独)法人』であると確信しました」と述べ、最後に、私は「これまでの労使のご尽力に感謝します。私にとって大変思い出深いクリスマス交渉となりました。市立病院が地域の中核病院として、いつまでも市民に愛され続けるように、当局として最大限の支援・協力を惜しみません」と約束しました。

団交は粛々と進み、私と委員長の握手が終わった頃、市職労からオルグとして派遣されていた専従執行委員が嗚咽を始め、遂に号泣する場面がありました。全くの予想外のできごとで、一同唖然として彼を見つめていました。

彼は三か月余りの間、市職労方針をめぐって職場で議論を展開するとともに、組合員一人ひとりと面談するなど精力的に活動していました。組合員各人の思いや疑問・不安などを傾聴するとともに、二八〇名を超える組合員の中では賛成、反対その他、多彩な意見があったことを知っていたのでしょう。

交渉終結に当たって、こみ上げる数々の思いが噴き出したのではないかと思います。私は号泣する彼を見ながら、任務を果たそうと努力する真剣な組合リーダーの姿に、心から敬愛の念を抱きました。

なお、平成二二年四月に（独）大牟田市立病院がスタートしましたが、その後の経営状況は厳しい医療環境の中にかかわらず、黒字経営を継続、いち早く累積損失を解消して健全経営を行っています。その理由は、「独法化」の利点である「経営の柔軟性、迅速性及び機動性」を十分発揮して、七対一看護体制の確立、地域支援病院の承認、法人独自の人事給与制度の導入など、病院挙げて思い切った経営改善を行ってきた成果であります。

(三) 現業職場へ行政職給料表(二)の適用

市職労における現業職場の位置づけは大変大きく、発言力も相当強いと思われます。組織人員は、環境部（ゴミ、し尿処理・リサイクルその他）実員八九名、教育委員会（学校給食、学管、図書）実員五〇名で、総計一三九名となっています（平成二四年四月現在人員）。なお、職員のほかに業務委託及び臨時職員（約八〇名）が現業職場で働いています。

(1) 現業職員労働組合の沿革

昭和三六年五月に、全単組が統一して市職労を結成した後、同四〇年に教育現業協議会と現業協議会が統合して、職員労働組合現業評議会（以下、「現評」という）となり、現在に至っています。

「現評」は労働組合法の下での労働組合であり、労働三法のうち団結権と交渉権を有している（職員団体は団結権のみ）ので、幅広い組合活動が可能です。過去に行われた数々の市職労の闘い（第一次〜第三次清掃改善闘争や身分差別撤廃闘争など）で、先進的な組合活動を展開してきました。自治権確立闘争という、「現評」を中心とする市職労の活動が全庁的な運動として大々的に展開され、数々の成果をあげるにつれて、「現評」の市職労における存在感は高まっていきました。これまでの役員構成を見ても、多くの執行委員（執行委員長を含む）を輩出するとともに、『「現評」が言うのなら仕方がない」といった雰囲気さえ感じられます。このような中で、平成一八年一一月、私は「現業職の見直し」を提案しました。

(2)現業職の見直しと環境部将来ビジョンの策定

私は、今回の「現業職の見直し」に関して、これまで明確にしてこなかった二つの基本的な考え方を示しました。

一つは、「職員配置適正化方針」の下で総職員の削減を実現する中、民間活力などの導入を通じて、現業職員を事務職員の従事業務への配置転換を行うことによって、全庁的に事務事業の円滑な推進を図る、というもの。

もう一つは、住民に密着し、欠かすことのできない市民サービスの提供及びライフラインの役割を持つ現業職場は、安心安全の確保のために最低限の正職員を維持する、いわゆる現業職場は残すと宣言したこと、です。

この現業職場の大幅な見直しという、当局提案に対して、「現評」は「将来ビジョンを明

■図19　技能労務職員数の推移（全国）

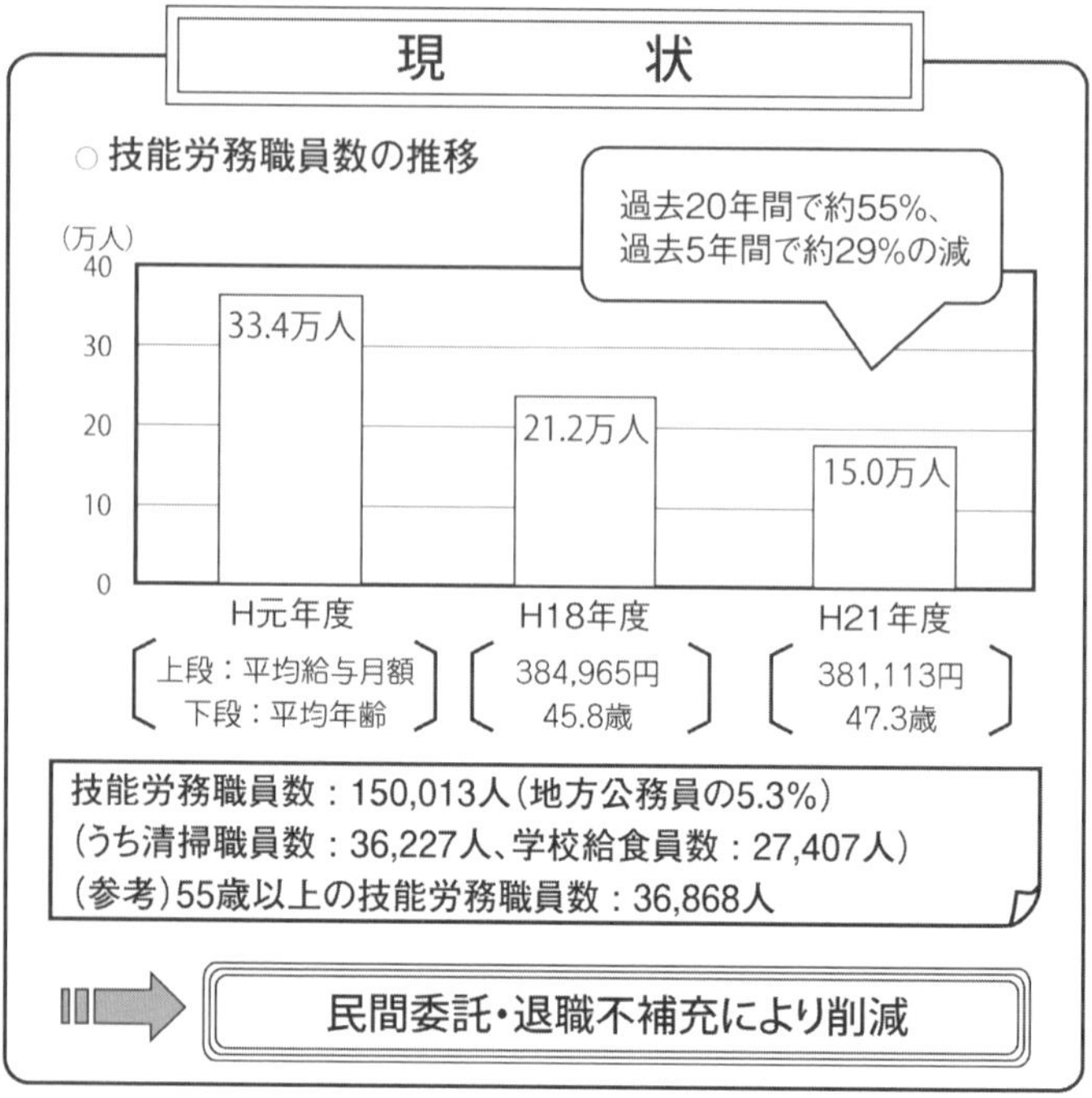

確にした上で、行政責任を確保できるように、今後十分に議論を行いたい」と冷静に対応しました。これは、他の都市では現業職場の「非公務員化(*)」（図19参照）が進んでいる中で、大牟田市が最低限の現業職員は確保するという方針を打ち出したため、と推測されます。

その後、環境部内で労使による「環境部将来ビジョン」が検討され、平成二二年一月に「環境部将来体制ビジョン」が策定されました。

(3)現業職員採用に必要な「諸課題の解決」

平成二二年度以降は「環境部将来体制ビジョン」に基づき、退職者の発生に伴う対策として、省力化や民間活力などの導入を行ってきました。

しかし、退職者の更なる増加と職場の高齢化が進行していく中、現業職場を維持していくためには新規職員の採用による充足が喫緊《きっきん》の課題としてあげられるようになりました。

市職労及び「現評」は団体交渉のつど、現業職員採用の必要性を主張しました。これに対して、私は採用するためには「諸課題の解決」が必要とした上で、「現業職の賃金の取り扱いについて、制度上の問題として国・県から指導があっているのは事実だ。したがって、採用に当たっては給料表の問題は避けて通れない」と、初めて行政職給料表(二)適用の必要性を示唆しました。

(4)行政職給料表(二)適用に関する交渉

平成二六年八月の「現評」交渉で、私は次のように述べ、「現評」の取り組みと合意形成への覚悟を要請しました。

「ここ数年、現業職員の新規採用に向けた諸課題の解決について様々な議論を行ってきました。私は、諸課題を解決することによって、現業職の採用と現業職場の維持存続を図るというこれまでの方針を、相当の決意をもって遵守していくこととしています」

「特に、給料表の見直しは、新規採用の必要性について、社会的合意（議会や市民など）を得るために重要な課題です」

この後、当局が考えている水準や時期などについて、実務的な質疑応答を行いました。

九月二四日の第二回「現評」交渉で、「現評」議長は「前回交渉以降、全体集会やオルグを繰り返し行い、今年度採用試験実施に向けて『諸課題の解決』の判断を行う方向で協議してきました。今日は『現評』として最終的な判断を行うために、当局が考える給料表の見直しの内容などについて確認したい」と交渉の目的について率直に述べました。

これに対して、私は「給料表の見直しに向けて、これまでにない厳しい議論を重ねてこられたと伺っています。給与問題は、組合員の生活設計に大きく影響を及ぼす内容ですが、新規採用を再開して現業職場を維持していくためには避けて通れない、重要な課題ですので、本日の交渉で決着をつけたいと思っています」

この後、担当部長から給料表見直しの具体的・実務的な説明をするとともに、「現評」側から厳しい質疑応答がなされました。「現評」からは、各現業職場の将来的な方向性、給料表見直しに係る在職者への影響緩和策、円滑な異動交流を継続するための具体的な制度構築などが出されました。そして、数回の休憩をはさみ、深夜一二時に一定の合意に達することができました。

最終的には、一〇月二三日、継続協議となっている実務的な課題の協議を行い、「現業職の採用と行政職給料表(二)適用」について妥結することができました。

交渉の最後に、「現評」議長は「市長の思い切った決断で採用が再開され、職場を残すことができたのは有難いが、他方、差別賃金の導入については賛否両論あって、職場をまとめることは困難をきわめました。ここ数日間、連日職場協議を行い、お互いに理解を深めるための話し合いを重ねてきた結果、最後は拍手で承認されました」と、難しい判断と苦しかった胸の内を吐露しました。

翌年平成二七年一〇月一三日の「現評」交渉は、四選不出馬を表明し勇退を決断していた私にとって、最後の交渉となりました。私は、これまでの三期一二年間に及ぶ「現評」交渉を振り返り、次のとおり、最後の挨拶を述べました。

「ゴミの有料化問題と、分別収集における環境部の精力的な取り組み（平成一八年）、民間活力の導入などを含む『環境部将来ビジョン』の推進（平成二二年）、灼熱の下、パッカー車一〇台を駆使して行った九州北部豪雨災害での被災地支援活動（平成二四年）、及び今回の職員採用と現業職給料表の見直し（平成二六年）など、様々な課題に労使が真摯に取り組んできたことに感謝と敬意を表するとともに、今後とも自治権の確立をめざす『現評』活動の発展及び労使の信頼関係を踏まえたまちづくりの取り組みが行われるよう期待します」

長い歴史と伝統を受け継ぐ「現評」活動のなかで、過去にないような、難しい課題に果敢に挑戦し、成果を上げてきた労使の関係者に対して衷心より感謝する次第です。

第七章　市民とともにまちづくり

一、市民主役の行政システムの創造

（一）市民が主役

「政府（行政）は帆であり、国民（市民）は風であり、国家（地域）は船であり、時代は海である」

　これは一九世紀のドイツの評論家ベルの言葉です。

「市民」(*)は、自治体経営にとって最も重要なステークホルダー（公共化された利害関係者）です。草の根選挙で現職市長に打ち勝ち、三期一二年間の市政を全うすることができたのは、終始変わらぬ市民の叱咤激励があったからです。

　先述したとおり、私は一期目の市政公約のタイトルに「市民主役の行政システム」を築き上げることを宣言しました。この場合の「市民主役」には二つの意味を込めました。

一つは、今日では「市民自治」は当然のことですが、当時の地方政治の中で、市政に影響力を持つステークホルダーに「市民」という主体を包摂するということです。

大牟田市は百有余年の長い間「三井」による企業城下町でした。その影響の下で、いわゆる「天下り市長」が続いていました。市民へのアプローチ手法は上位下達で、「民をして、依らしむべし、知らしむべからず」という明治以来の誤った支配原理が通用していたように思います。これに対して、私は直接、市民に訴え、市民の意見を市政に反映すべきだと考えました。

二つ目は、市民に対して、「自分のまちは自分で創る」という「自立した市民」意識を促すことでした。

基幹産業だった三井三池炭鉱が消滅し、地域社会に構造変化が起きているのに、市民意識の中には相変わらず「他人依存」または「あきらめ」の気持ちが潜んでいたように思います。

(二) 開かれた行政システムなどの改革

市民主役のまちづくりを行うために、まずは「情報公開」をキーワードに、開かれた行政システムの構築と、「市民との協働のまちづくり」を推進していくことを基本にします。

「総合計画二〇〇六〜二〇一五」にも、そのための施策として、

一、情報共有の推進

二、地域コミュニティ(*)の形成
三、市民活動の促進
四、人材の育成と活用
五、協働のまちづくりのルールづくり
を掲げ、これまで多くの具体的な各種事業を展開してきました。

二、情報共有の推進

市民と行政がともにまちづくりを進める上では、行政内部の情報が市民に対して分かりやすい形で提供され、市の現状について共通の認識を持つことが欠かせません。

そこで、重点的に取り組んだ項目は、
一、市民との協働に関する庁内組織の整備
二、市長と語る市民懇談会の定期的開催
三、小・中学校へのまちづくり出前授業
四、ホームページ機能の充実
五、出前講座の推進
六、広報活動の充実

が挙げられます。
ここでは私が直接携わり、注力した一、二、三について述べます。

（一）市民との協働に関する庁内組織の整備

市民との直接対話の機会を増やし、コミュニケーションの円滑化と相談機能の充実及び市民との協働施策の推進を図るための庁内組織を強化するものです。

平成一七年八月、市民部市民協働まちづくり推進室の新設を皮切りに、現在の市民協働部（専任部長配置、平成二五年四月）まで庁内組織の活性化を図ってきました。

なお、現在の市民協働部には、地域コミュニティ推進課や生涯学習課などを設置し、職員総勢五〇名の大きな組織としました。

この「市民協働部」新設の趣旨は、「地域（市民）」という切り口に立ち、行政内部に分散している類似・関連組織の集約化（教育委員会所管事務を市長部局へ移管など）を図るとともに、市民に分かりやすい組織とすることが目的です。

市民協働部はまた、先述の「開かれた行政システムなどの改革」における各施策、情報共有の推進、地域コミュニティの形成、市民活動の促進、人材の育成と活用、協働のまちづくりのルールづくりに関する総合窓口及びそれらを推進する役割を担っています。

(二)「市長と語る市民懇談会」の定期開催

(1)趣旨

市長と語る市民懇談会(以下、「市民懇談会」という)は、市政公約に掲げた情報共有のための目玉事業です。市長就任後の一六年度から毎年開催しました(但し、市長選挙の年を除く)。

地方分権が進展していく中で、これからのまちづくりを行うには、行政と市民の役割分担を行って、公共サービスや地域づくりに市民参加を促すことが大変重要な要素となります。そのためには、時どきの行政テーマに関して、市民の皆さんに十分理解していただく「場」の設定が必要です。「市民懇談会」は、行政と市民が協働してまちを活性化させる、出会いの場として位置づけるものです。

また、市長や幹部職員が直接、市民の率直な意見や要望を聞くことで、今後の市政に活かすとともに、自治体職員の知恵と工夫を創出させ、ひいては地域のコミュニケーション推進に役立つことを期待するものです。

懇談会は、単なる地域の苦情や要望を聞く「場」ではなく、行政が取り組もうとしている短・中期のテーマを設定します(表6参照)。

毎年一〇か所の各地区公民館(地域)などに、私たち市幹部が出向いて開催します。

毎回、午後七時から八時三〇分までの一時間三十分程度とし、当日の式次第としては、私

（市長）の挨拶が二〇分、当局からの説明が三〇分（パワーポイントを使用）及び意見交換が四〇分（但し、時間延長は可）で行います。

(2)「市民懇談会」での特徴的なできごと

九回にわたって開催した「懇談会」の中で、記憶に残る特徴的なできごとなどについて紹介しておきます。

市長と語るまちづくり市民懇談会

平成一六年度のテーマ「行財政改革」に関して

初回ということもあって、堰を切ったように数多くの意見・要望が出されました。懇談会をスタートさせたことについては、すべての会場で評価する声が聞かれ、「市民と行政の協働」に関心を高めることになったと思われます。主な質問内容は以下のとおりです。

懇談会では、特に人件費に関する意見が多く出されました。公共施設の廃止という前に、「職員数」や「職員給与」及び「接遇」などについて、職員自らが身を切ってから市民にお願いするのが先だ、という厳しい意見がありました。今後、第二弾、第三弾となる取り組みや「財政再建計画」の追加施策が必要となっていくであろうと思いました。

表6　市民懇談会の開催実績

年度	テーマ	開催会場数	参加人数
H16	行財政改革	7	603
H17	ごみ減量とリサイクル	16	1,083
H18	市民と行政との協働によるまちづくり	10	481
H19	（開催せず）	–	–
H20	安心・安全のまちづくり	10	455
H21	近代化産業遺産（世界遺産）及び三大プロジェクトの活用によるまちづくりを考える	10	338
H22	みんなでつくる住みよい地域 ～校区自治組織の形成に向けて～	10	603
H23	（開催せず）	–	–
H24	災害時の防災・減災の取り組みと地域コミュニティの充実	10	449
H25	発想、そして工夫　みんなで創る環境都市、おおむた ～第2次環境基本計画の推進に向けて～	10	318
H26	市民と行政との協働によるまちづくりの推進 ～大牟田市まちづくり基本条例の制定に向けて～	10	341

「労働組合への意見」では、「今日の行財政改革が進まないのは、労使の問題がネックになっているのではないか」「職場の改革が進まないのは組合の反対があるのではないか」と市職労への意見が多く出されました。

「政治姿勢・市政公約に関すること」では、各会場とも、大方の意見として理解を示されました。叱咤激励の意見として「懇談会を単なるパフォーマンスで終わらせないで欲しい」「市政公約の実現のためには、市長のリーダーシップの発揮が必要だ」などが出されました。

「過去の責任」について、「赤字垂れ流しの行政運営やテーマパークの失敗は、行政の放漫経営の所為《せい》だ」「市民に何も責任ない。まず職員が責任を取るべきだ」「過去の失敗を繰り返さないでほしい」という切実な意見が述べられました。

「住民自治に関するもの」では、「市長は住民自治が重要というが、公民館の組織率は四四%、職員でも加入していない者が多い」「自分の校区は二〇%台だ。組織率を高める方策を模索すべきだ」と指摘されました。

その他、様々な角度から幅広い、率直な意見、提案をいただきました。これらの市民意見について、行政に対する信頼を得るためにも市政運営の中で取り入れられるものは早急に取り入れることが必要だと痛感しました。

平成一七年度「ごみ減量とリサイクル」に関して

ごみ問題は、環境の保全や生活環境の安全ということから、市民生活に直結した重要な施策です。大牟田市では、これまで一般廃棄物の処理を市町村の責務として、「無料」で行っていました。

しかし、廃棄物の発生抑制や排出実態に応じた負担の公平性を図るために、平成一八年二月から「ごみ有料化」を予定していました。そのために、市民への周知徹底を図る目的で懇談会を、平年度より多い一六会場で開催しました。生活に密着したテーマで市民の関心が高く、一〇〇〇人以上の参加がありました。

懇談会では、周知徹底とともに、ごみ減量のためには「紙・布類」のリサイクル及び「厨芥類《ちゅうかい》」の水切りと堆肥化がポイントになることなどを、パワーポイントで分かりやすく説明しました。

さらに、この懇談会のあと、所管する環境部は、町内公民館や自治会単位に三〇〇か所以上の場所で、ごみ減量のための実務的な説明会を実施しました。このような現場の努力のおかげで、二月一日のごみ有料化のスタートでは、特段の波乱もなく、スムーズに移行することができました。

平成二六年度「まちづくり基本条例の制定に向けて」に関して

このときの懇談会は、制定を進めている「まちづくり基本条例」について、市民の皆さんに理解を深めていただくことを目的に開催しました。

これまで地域コミュニティの活性化と市民活動の促進に向けた取り組みを進めてきました。地域コミュニティの推進母体となる校区まちづくり協議会（以下、「校区まち協」という）は、二一校区中一五校区（二七年度末には一八校区に拡大）で設立されました。また、市民活動の促進では、一昨年、市民活動等多目的交流施設「えるる」がオープンして、多くのNPOやボランティア団体の活動に利用されるなど、協働のまちづくりの取り組みは着実に浸透し実践されつつあると考えています。そこで、協働のまちづくりの機運が高まっているこのタイミングに、協働の主体となる市民、行政などの役割及びルールを定めた「まちづくり基本条例」を制定するものです。

「校区まち協」に関する主な質問は、

■図20　町内公民館の加入世帯数と加入率

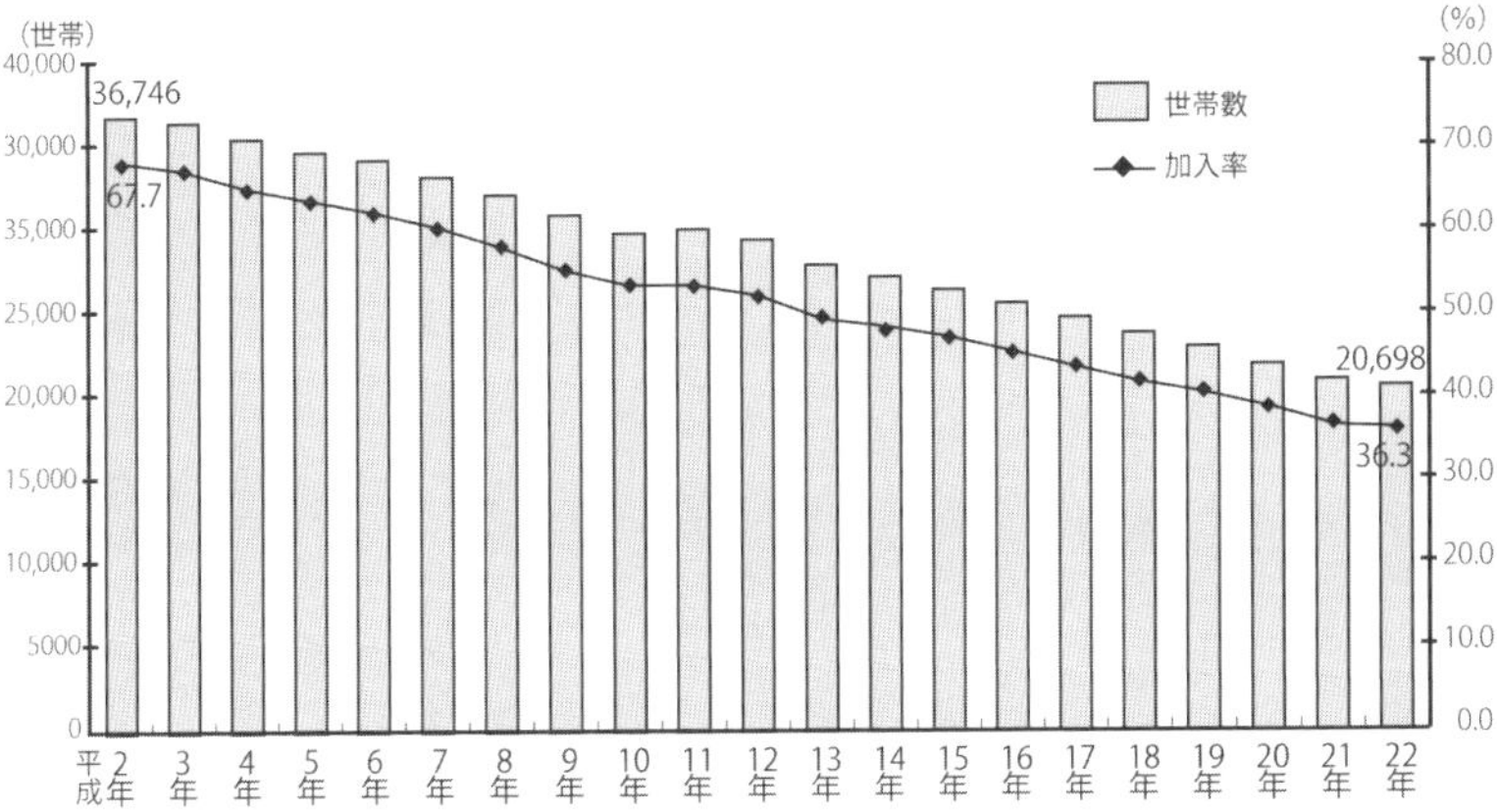

「地域の自治組織を、現在の町内公民館ではなく、『校区まち協』にするのはなぜか」

「これまで町内公民館は加入者だけの面倒をみればよかったが、『校区まち協』では校区の全住民をみる必要があるので、役員の負担が大きくなるのを心配している」

これらの質問や意見に対して、私は以下のように答えました。

大牟田市では、長い間、社会教育を担う町内公民館が、地域の自治運営の役割を担ってきました。しかし町内公民館の加入率が低下してきたため（図20参照）、その対策として市民意識調査やアンケートを行った結果、町内公民館や自治会の加入者だけでなく、全校区住民を対象として活動する「校区まち協」をつくり、地域の問題を主体的に解決する主体としました。

「『校区まち協』は、町内公民館と異なる新たなネットワークですが、これまで町内公民館の自主的運営で行われてきた歴史や伝統も活かすべきです。このことから、町内公民館には、『校区まち協』の中核組織として活躍してもらいたい」と提案しました。

「区長制」の導入に関すること

「町内公民館の役員のなり手がなく困っている。他の都市のように区長制度を導入してはどうか。区長制だと報酬が出るので、若い人に役員をやってもらえるのではないか」

この質問と意見について私は次のように答えました。

「区長制は行政組織の一部であり、住民が主体性を持った自治組織とは性格が異なります。大牟田市は、本来社会教育の場である町内公民館が、住民による自主的な地域運営を行ってきたという、全国的にも珍しいが、良き伝統があります。大牟田市としては、このことを踏まえ、尊重したうえで、地域自治組織として『校区まち協』の形成促進を進めており、区長制を導入する考えはありません。

役員になり手がない問題に対しては、今年度から『校区まち協』へ交付金を増額しているので、それを活用していただくとともに、今後とも組織強化の支援をしていきます」

地域活動への「職員の参加」に関して

「地域活動に参加する市職員が少ない。豊富な行政知識と経験を持っているのだから、職員の能力をもっと地域活動の中で活かしてほしい」

この意見については、「職員の地域活動研修は定期的に行ってきました。地域活動への参加が少ないという点については、条例の中で『市民と協働する職員の意識と能力の向上』に取り組むことを明確に定めます。引き続き、職員研修などを通じて、市当局としても『市民と行政の協働』のまちづくりが実現できるように努力します」と答えました。

(三) 小中学校へのまちづくり出前授業

私は平成二一年度から二七年度まで毎年、小・中学校へ出掛けて出前授業を行いました(表7参照)。

市長が学校へ出掛けて授業するのは今までなかったことですが、教育委員会を通じて「総合学習」などの時間を活用した年間授業計画のスケジュールに盛り込んで実施しました。

目的は、未来を担う子供たちに、今住んでいる大牟田の成り立ちや発展の歴史を知ってもらい、故郷への愛着と誇りをもってもらおうということです。

特に、三池炭鉱が閉山して地域社会が意気消沈し、マスコミなどで盛んに大牟田市のマイナスイメージを発散していた時期で、その影響が子供たちに伝播していないか心配しました。

小学生対象のテーマは「私たちのまち、大牟田を知ろう」。授業時間は一時限(四五分)で、パワーポイントを使用した私の講義が三〇分、質疑応答など一五分で実施しました。

講義では、大牟田市のまちの移り変わりについて、明治の中頃までは半農半漁の静かな寒村だった大牟田町(人口は約一万一三〇〇人)が、大正六年、大牟田市の誕生(人口は六万

表７　学校での「まちづくり出前授業」（開催実績）

1. 平成21年度～22年度（対象：中学生）

テーマ：「近代化遺産（世界文化遺産）や三大プロジェクトの推進などにより、大牟田のまちがこれからどのように変わっていくか、考えてみよう」

年度（学校数）	学校名（受講生徒数）	受講生徒数合計
21年度（４校）	延命中（77人）、松原中（89人）、米生中（74人）、白光中（103人）	343人
22年度（７校）	田隈中（211人）、橘中（90人）、右京中（54人）勝立中（56人）、船津中（59人）、甘木中（140人）、歴木中（107人）	717人
合計	11校	1,060人

2. 平成23年度～27年度（対象：小学６年生）

テーマ：「私たちのまち　大牟田を知ろう」

年度（学校数）	学校名（受講生徒数）	受講生徒数合計
23年度（５校）	笹原小（34人）、天領小（44人）、上官小（14人）、大正小（60人）、大牟田小（57人）	209人
24年度（９校）	明治小（42人）、駛馬北小（31人）、天道小（12人）、中友小（27人）、吉野小（78人）、平原小（32人）、玉川小（20人）、駛馬南小（25人）、みなと小（44人）	311人
25年度（８校）	羽山台小（76人）、倉永小（48人）、高取小（46人）、白川小（50人）、三池小（69人）、上内小（８人）、銀水小（80人）、手鎌小（80人）	457人
26年度（８校）	天領小（31人）、大牟田小（59人）、駛馬南小（24人）、天の原小（42人）、駛馬北小（18人）、玉川小（９人）、みなと小（40人）、上官小（14人）	237人
27年度（８校）	平原小（23人）、大正小（52人）、羽山台小（65人）、中友小（23人）、三池小（58人）、高取小（36人）、白川小（64人）、明治小（36人）	357人
合計	38校	1,571人

七〇〇〇人）、そして昭和一六年の大合併で、今の大牟田市の形が出来上がり（人口は一七万九〇〇〇人）、県内有数の都市になったこと。この発展を牽引したのが、「石炭の存在」でした。大牟田市及び石炭産業の歴史を図表や写真を使って分かり易く説明しました。

授業の最後に、次の四点が大牟田市の特徴（まちの個性）だとまとめました。

一、大牟田市は、炭鉱とともに発展したまち。
二、大牟田の石炭は、日本の近代化や戦後の復興を支えたエネルギー源。
三、炭鉱がなくなった今でも、大牟田は工業都市。
四、三池炭鉱関連資産は、世界に認められた歴史的価値のある近代化遺産。

なお、中学生対象の授業内容は「世界文化遺産や三大プロジェクト推進によって、大牟田のまちがどのように変わるか考えてみよう」というテーマで行いました。

こうした出前授業に対して、受講者の感想は次のようなものでした。

『まちづくり出前授業』で大牟田ができた歴史のことや、三大プロジェクト（新幹線、沿岸道路、三池港）のことなどを聞いてとても勉強になったと思います。忘れかけていた大牟田のいいところを思い出しました。大牟田のいいところは市長さんがおっしゃったように、気候温暖、災害があまりない、九州のほぼ真ん中にあって九州各地へ日帰りできる、文化や歴史がある、カルタ発祥の地である、認知症の取り組みを行っているなど、本当にいいところだと思いました。

『まちづくりはゴールのない駅伝』という言葉もかっこよかったです。今日は本当に勉強になりました」（平成二一年一〇月、延命中学校〈現・宅峰中学〉生徒）

ここで、私の最後の出前授業（二七年一〇月八日）となった明治小学校における児童（四名）の「授業の感想」を紹介します。

A君「僕は今まで大牟田のことを自分でけっこう知っているつもりだったけど、今日、あらためて市長さんのお話を聞いて、僕はぜんぜん大牟田について知らなかったんだなあと思いました。市長さんのお話はとてもわかりやすかったです」

B君「四年生の時、大牟田市の勉強をしたけど、今日のように世界文化遺産に登録されてからの事などを市長さん本人から聞けてとてもうれしかったです。また、最後の出前授業を聞けたことても具体的な話で、さすが市長さんだと思いました。

とも、とてもうれしかったです」

Cさん「今日はこまかく、私たちに大牟田のことを教えて下さってありがとうございました。それに、市長さんに質問するとき、ていねいに答えて下さったのでわかりやすかったです。

お礼の言葉をしたあと、あくしゅをし、写真までとっていただいたので、とてもよかったです。ありがとうございました」

私にとっても、七年間にわたって出前授業を子供たちとともに、楽しく、有意義にできたことは、望外の幸せの時間でした。

三、地域コミュニティの形成支援

(一)「コミュニティ」はまちづくりの根幹

市民との協働を考えるとき、「コミュニティ」は根幹的な場として機能します。

しかし、大牟田市では長年、地域の自治を担ってきた「町内公民館」組織が、加入率の長期的な減退(平成二三年で平均三四%)によって、地域を代表する自治組織とはいえない状況に立ち至っています。

一方、大牟田市では「総合計画二〇〇六~二〇一五」において、あらゆる分野の施策の基本理念として、「市民との協働」を据え、市民と行政が共通の目標に向かって、互いにパートナーとして連携する「協働によるまちづくり」を進めています。

その主要施策の一つとして、「地域コミュニティの形成」を掲げ、地域の様々な活動団体のネットワーク化を進め、地域のまちづくりの推進母体となる地域自治組織の形成に向けた取り組みを進める、こととしています。

(二)大牟田市の地域自治組織の沿革と現状

大牟田市では、地域自治組織は昭和二〇年代から一貫して「町内公民館」が担ってきました。公民館は社会教育法に位置付けられ、社会教育を中心に住民の自主参加によって運営される場です。

しかし、大牟田市では単なる社会教育の場だけでなく、地域を代表する自治組織として、地域内での生活課題への対応、住民と行政とのネットワークにおける窓口及び行政の依頼による末端行政の役割を担ってきたという歴史的経過があります。

また、町内公民館は小学校区ごとに連絡協議会をつくり、さらに全市的な協議会（大公連）をつくるという体系化された組織です。大公連は各校区の要望項目をまとめて市長（部局）に対して陳情または交渉する圧力団体の役割も果たしていました。

全国的には、「区長制度」が一般的です。区長制度の場合は、行政組織の一部として、報酬を受けながら行政区や自治区の取りまとめをするなど、住民の主体性を持った自治組織とは異なるものと考えます。

大牟田市の町内公民館は、かつては地域の大多数を会員とする、地域を代表する自治組織を誇っていました。しかし、年を経るごとに加入率が減少し、現在では三世帯に一世帯しか加入していません。これでは、公民館が全住民を代表する地域組織とはいえず、全住民を対象とする活動も困難となりました。

このため、私は平成二一年五月、地域住民のすべてが自らの力で住みよいまちづくりの取り組みができる、地域住民による自治組織の仕組みとして、「校区まち協」の組織化を支援する方針を出しました。

(三)「校区まち協」の形成支援

「校区まち協」の形成に関して大きなターニングポイントとなったのは、平成二二年一二月、多くの市民が参画して策定された「地域コミュニティ基本指針」(以下、「基本指針」という)です。今でも地域コミュニティ再生のバイブル的文書となっています。

先述のとおり、平成一七年八月に市民協働まちづくり推進室という部署をつくって、地域コミュニティ再生に関する調査、研究を行ってきました。二一年五月に同推進室において、新しい「基本指針」を策定するにあたっての方針(策定体制)を作りました。その方針は策定の過程から「市民との協働」で取り組むということでした。図21は、この策定体制を図示したものです。

なお、この策定体制の決定以降、平成二二年一二月の「基本方針」策定までの約一年六か月にわたって、市民意識調査、各種団体へのヒアリングや意見交換　市民ワークショップの開催、市民協働検討委員会やワーキング部会での意見集約など、具体的な取り組みが精力的に行われました。

最終的に、各種団体からの推薦者、公募の市民、学識経験者で構成する「地域コミュニ

■図21　地域コミュニティ基本指針策定委員会

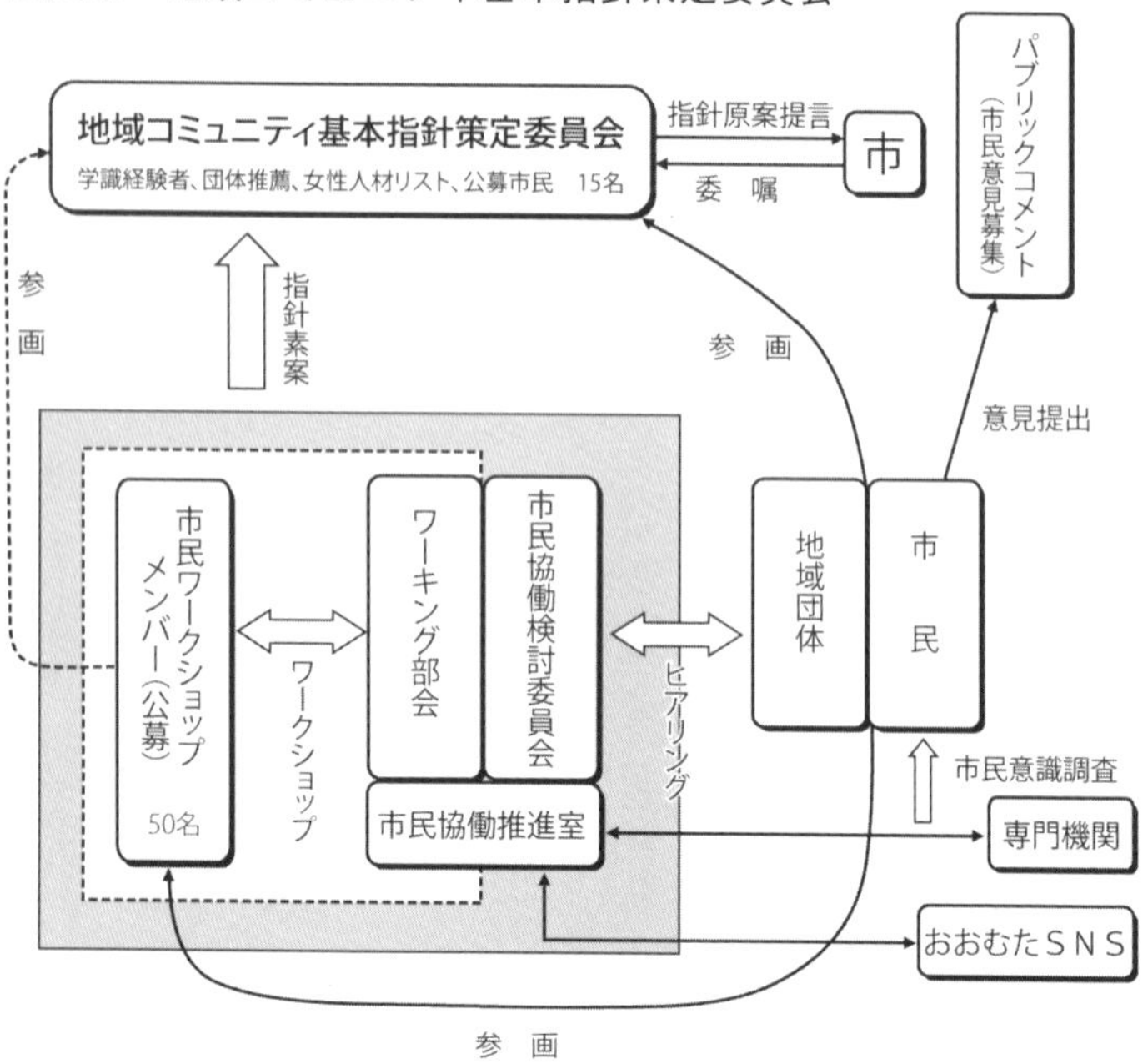

ティ基本指針策定委員会」を設置し、熱心な討議を経て「基本方針案」を策定しました。

その後も、パブリックコメント（市民意見募集）や「市長と語るまちづくり市民懇談会」（テーマ「みんなでつくる住みよい地域――校区自治組織の形成に向けて」）を開催するなど、幅広く市民意見を聴取する機会を設けました。

（四）「基本方針」の内容

(1)小学校区を単位とする「まち協」の形成

地域の住民が、地域課題などについて主体的に考え、行動していくには、その地域に住むすべての住民が参加できる、住民自治の仕組みが必要です。そこで、

■図22　校区まちづくり協議会の運営組織例

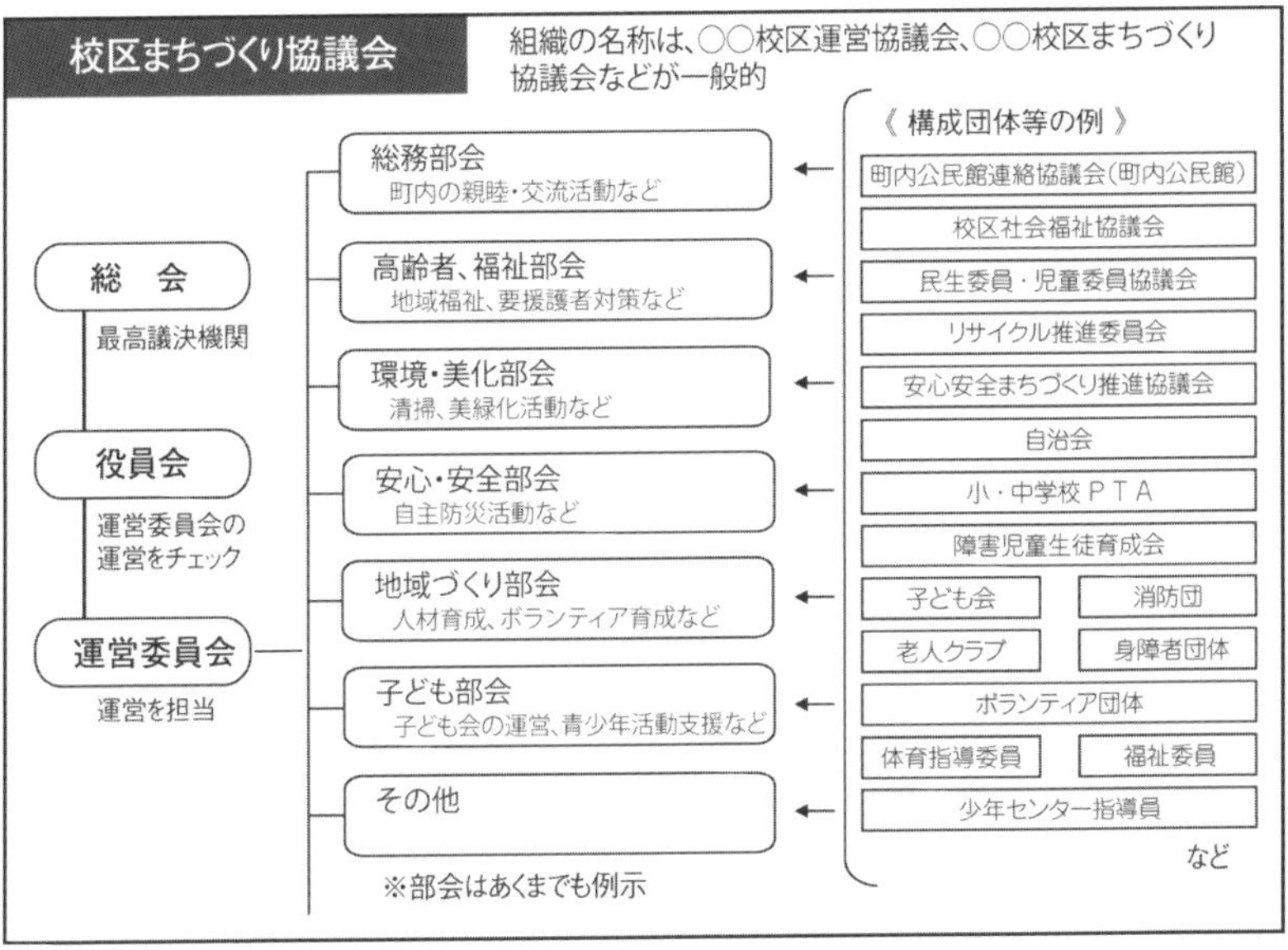

町内公民館などの既存組織に代わる新たなネットワークとして、小学校区単位の地域コミュニティとなる「校区まち協」の形成を進めました。

(2)「校区まち協」の役割と運営について

「校区まち協」は、地域の各種団体のネットワーク化を図り、住民ニーズを反映した住みよい地域社会の実現を図る「住民自治機能」としての役割のほかに、「安心安全な地域社会の形成」「生活環境の維持・改善」「地域資源の保護・伝承」「交流親睦・支え合い」「青少年の育成・啓発」及び「情報発信・情報共有」など、多様な役割があります。

図22は、「校区まち協」の運営組織の例を図示しました。

(3)「校区まち協」への市の役割と支援策

「校区まち協」は自主・自立的な自治組織であり、地域の課題を主体的に解決する能力と仕

■図23　まちづくりにおける市（行政）の役割

校区まちづくり協議会の形成支援
積極的に校区に入り組織化を支援します

活動資金確保への仕組みづくり
「校区まちづくり交付金」制度の整備

活動拠点確保への支援
既存の公共施設の活用など

人材育成支援
意識啓発、市民意識の醸成

地域総合窓口の整備と地域担当職員の配置
地域への助言や支援

組みを持たなければなりません。それとともに、市の様々なまちづくりの計画に関わっていくことが重要となります。そのために、市では、「校区まち協」の組織化を全面的に支援することにしました。その支援策として、人的・物的・資金的支援のいずれも重要だと考えています。図23は市（行政）の役割と支援策を図示したものです。

具体的な支援策としては、まず「まちづくり交付金制度」の新設です。運営交付金、活性化事業交付金、活動拠点確保交付金、加入対策交付金、まちづくり計画策定交付金を支給しました。

さらに、活動拠点への支援として、原則として各校区に活動の拠点となるコミュニティセンターを新設または整備します。

地域総合窓口の整備も重要です。地域の抱える様々な課題については、行政の各部局が情報を共有し、連携して対応できる体制を整える必要があります。そのために、「校区まち協」で起きた課題の相談・調整などの対応を一括し

■図24　校区まちづくり協議会と市の役割のイメージ図

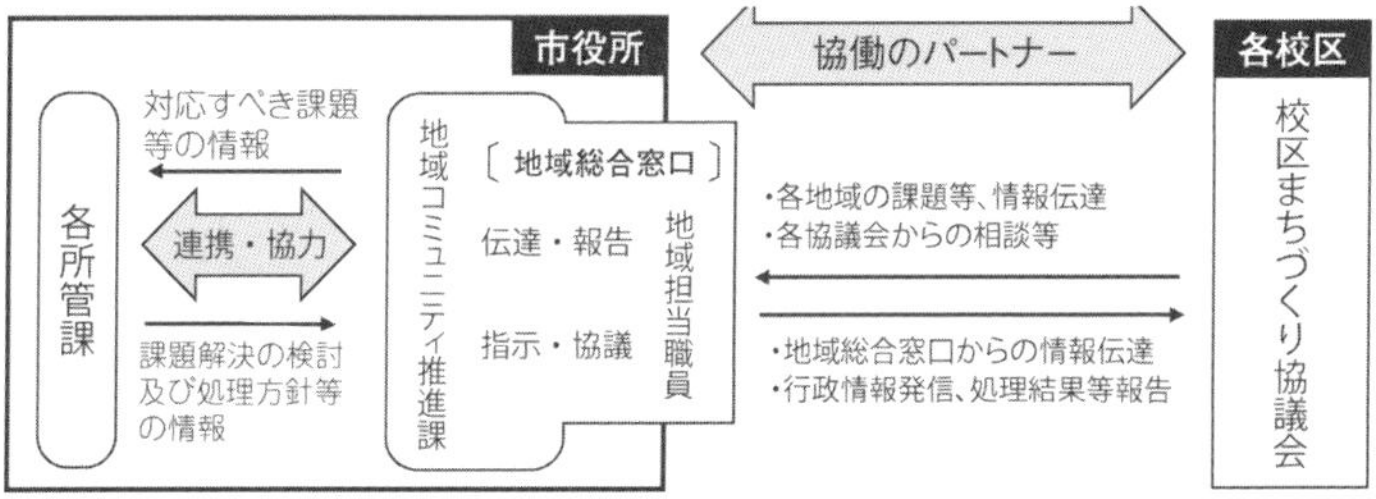

て受け付ける総合窓口となる部署を設置しました（現在は市民協働部）。そして、これらを具体的に支えるために、地域担当職員（五名）を配置しました。

校区ごとに対応する地域担当職員を配置し、それぞれの地域課題を総合的に把握することにより、協働によるまちづくりを進めます。地域担当職員は「校区まち協」への助言や支援を行うほか、大きな課題の「校区まち協」の形成に向けた働きかけや支援を、地域と協力しながら進めます。図24は、「校区まち協」と市との連携・協力についてのイメージ図です。

(五)「校区まち協」の設置状況

既述のとおり、平成二二年一二月「基本方針」の策定・提言に基づき、二三年四月「校区まち協」を担当する部署「地域コミュニティ推進課」を設置、以来、大牟田市として地域の皆さんとともに公助の役割を果たすために、物的・人的・資金的な支援を積極的に行ってきました。

私は、平成二三年度以降五年間で全校区に「まち協」を設置してもらいたい、という目標を掲げて、関係者を督励してきました。残念ながら、平成二七年度末現在、一八校区（二一校区のうち）に留まっていて、目標は達成できませんでしたが、この間における地域及び担当職員の組織化に対する頑張りは並々ならぬものがあり、敬意を表する次第です。

四、市民活動の促進

（一）市民と行政との協働に関する基本方針

大牟田市は平成一五年三月、「市民と行政との協働に関する基本方針」（以下、「基本方針」という）を定めました。この「基本方針」で「市民活動」とは、「市民がまちづくりのために行うボランティア活動をはじめとする自由な社会貢献活動」と定義しています。

市民活動は市民の自主的なまちづくり活動だから、行政が一方的にその役割に言及することは避けて、基本方針では、「行政の役割」のみを規定しています。

市民活動とは、一般的にＮＰＯ法人及びボランティア団体の活動、いわゆる「新しい公共[*]」を指します。なお、市民活動の中に地縁組織の活動は含まないのが一般的です。なぜなら、地域コミュニティとＮＰＯ法人などとは、何を目的にしているかというミッション（使命）が根本的に異なるからです。

(二) 市民活動における行政の役割

行政の役割を列記すると次のとおりです。

一、協働を進める環境整備として、情報の共有、計画策定における市民意見の反映、行政サービスにおける民間参入機会の創出、事後評価における市民意見の反映、職員研修の実施など

二、市民への啓発活動

(三)「新しい公共」と協働のまちづくり

これまで行政が独占してきた公共サービスの大部分と、新しい「民間公益」を、今後はNPOなどの中でも、とりわけ近隣社会に基礎を置く市民活動団体によって担われることが期待されています。

地域コミュニティは住民が暮らす地域内での公共的な課題解決を目指すのに対して、市民活動団体の活動範囲は地域にこだわらず、「民間公益」の実現のために広範囲に活動します。

このように、ミッションの違いがある団体ですが、行政として、市民との協働によるまちづくりを推進するためには、両者に対して、自主・独立したパートナーとしての信頼関係を構築することが重要となります。

（四）市民活動促進のための方策

大牟田市では、市民自らが身近な問題を自分たちで解決しようという市民活動は、近年活発に行われています。高齢化が進んでいるということは、まち全体で多くの知識と経験を有しているといえます。このような特徴を活かして、世代や性別を超えた市民の知恵と経験を、まちづくりのエネルギーとする環境づくりが必要です。

市民活動サポートセンターの取り組み状況を見てみます。

大牟田市には二か所にサポートセンターがあり、各団体の交流拠点となっています。一つは、社会福祉協議会の中に、もう一つは平成二五年一〇月にオープンした「えるる」（市民活動等多目的交流施設）の中にあります。

現在、登録団体数は社会福祉協議会で三九団体、「えるる」は三三団体で、NPO法人やボランティア団体が登録されています。

大牟田市の主なボランティア支援制度として、次のようなものがあります。

まちの美緑花《みりよくか》ボランティア（市が管理する公園・道路植栽帯などの美化活動）に対する物品などの支援、ファミリーサポート登録制度、生涯学習ボランティア登録派遣制度、読書ボランティア（九加入団体）、観光ボランティアガイド、市民活動補償制度の創設などです。

また、NPO法人などへの委託事業は次のようなものがあります。

障害者協議会には、リサイクルプラザでの分別作業及び公共施設の管理・清掃作業。手話の会「ありあけ」には、市主催の大会・講演会・市長と語る市民懇談会などにおける手話。体育協会には、市の体育行事全般の企画・運営及び体育施設の管理・運営。母子寡婦福祉会には、公共施設の保全・清掃作業、等々です。

（五）市民協働の代表事例「認知症SOSネットワーク模擬訓練」

平成一七年一月、私は大牟田市長として初めて、認知症の人とともに暮らすまちづくりを推進していくことを宣言し、この一〇年間、「安心して徘徊できるまち」を目指してきました。

「大牟田市は、どのようなときにも認知症の人やその家族の願いに寄り添い、誰もが人として尊重され、安心して暮らせる地域社会をつくるために、子供から大人まで、あらゆる世代の市民が心を一つにして、まちづくりを推進してまいります」

これは平成二七年一月二五日、「認知症の人とともに暮らすまちづくり宣言一〇周年　市民のつどい」を開催したときの、私の新たな宣言文です。

平成一七年一月に開催した「認知症ケアフォーラム二〇〇五」における「認知症の人とともに暮らすまちづくり宣言」から一〇周年を迎えるにあたり、改めて大牟田市の歩みを振り返り、今後の更なる発展の機会とするために、一〇周年記念事業として開催しました。冒頭の文言は大会のフィナーレで、新たな一〇年に向けて行った、まちづくり宣言です。

「認知症の人とともに暮らすまちづくり宣言10周年　市民のつどい」（平成27年1月）

まず、全般的な認知症対策として大牟田市地域認知症ケアコミュニティ推進事業があります。

大牟田市は高齢化が進んでおり、高齢化率は約三三％と他の都市の一〇年先をいく数値です。また、高齢者のうち、七五歳以上の後期高齢者が前期高齢者を上回っているという特徴があります。

そうした中で、「大牟田市・地域認知症ケアコミュニティ推進事業」として、医療・介護の専門家、行政、地域住民及び学校関係者などが連携・協力して、次のように体系的な、多くの事業に取り組んできました。

当事者や住民の視点では、

・はやめ南人情ネットワーク日曜茶話会
・子供たちと学ぶ認知症「絵本教室」
・ほっと安心（徘徊）ネットワーク模擬訓練

人材育成・地域への配慮の視点では、

・認知症コーディネーター養成研修
・もの忘れ相談医登録制度

・もの忘れ予防相談検診
・地域認知症サポートチーム
ネットワークづくりの視点では、
・介護予防拠点・地域交流施設
・地域の小規模多機能サービス拠点づくり
・地域密着型サービス・施設の「住まい」化
・高齢者などSOSネットワーク
・地域認知症サポート体制（地域包括ケアシステム）

なお、こうした取り組みは、先進的な認知症施策として、平成二五年に「大牟田市介護サービス事業者協議会」が保健文化賞、二六年に「はやめ南人情ネットワーク」が地域再生大賞を受賞しています。

このように大牟田市では、認知症になっても安心して暮らせるまちづくりを進めていますが、中でも全国的に先進的な高齢者対策として注目を浴びている事業が「高齢者など（徘徊）SOSネットワーク――まちで、みんなで認知症をつつむ」（大牟田方式）です。

具体的には、徘徊者が出た場合、家族などからの捜索願いを受けた警察署から、市の長寿社会推進課はじめ関係機関に連絡が入るようになっています。そして、長寿社会推進課から「愛情ネット」という配信システムを通して、多くの市民の皆さんに、本人の年齢や服装、徘徊先として考えられる場所などの情報をメールで一斉送信します。

多くの市民が徘徊者に関する情報を共有することで、徘徊者の早期発見につなげます。このシステムは「大牟田方式」と呼ばれ、全国の自治体に拡大しています。

また、これは、「ほっと安心（徘徊）ネットワーク模擬訓練」として具体化されています。大牟田市では、認知症になっても安心して暮らせるまちをつくるために、市民へ認知症の理解と見守りの重要性を啓発し、日常的な声かけ・見守りの意識を高めるとともに、徘徊行方不明発生時に対応するSOSネットワークの実効性を高めるために、毎年、認知症SOSネットワーク模擬訓練を実施しています。

この取り組みは、当時二四小学校区の中の駛馬《はやめ》町南校区において、住民自身が主体となって、認知症の人を地域で支えることを話し合う「日曜茶話会」から出発しました。

平成一六年二月、「はやめ南人情ネットワーク」が発足しました。その原動力となったのは、地域住民のわがまちを思う心でした。「わがまちから絶対に孤独死を出さないぞ」「認知症の介護家族の気持ちに寄り添いたい」「子供たちを守ろう」など、その思いは様々でした。まだ認知症が当たり前ではない時期だったので、一部に懸念する声もありましたが、「良いことならば躊躇せず、まずやってみよう」と動き出したのです。平成一六年に、駛馬南校区単独によって第一回徘徊模擬訓練が開催されました。

訓練では、認知症の人（徘徊者役）が道に迷い、自宅に帰れなくなった（徘徊）という想

徘徊模擬訓練の様子。認知症の人が道に迷ったという設定で、地域ぐるみで訓練を行う

定で、地域住民や郵便局、タクシー会社、バス会社などの関係機関に情報を伝達し、捜索、保護までの流れを実際に行います。

平成二二年には、一校区で始まった取り組みが市内二四校区（当時）全域に拡大され現在に至っています。大牟田市では、認知症の人と家族を地域で見守り支える意識づくりが確実に進んでいます。

各校区で実行委員会を立ち上げ、それぞれの校区の実情に応じた訓練や情報伝達網の構築を行っており、地域コミュニティ再構築の機運醸成にも寄与していると思います。

大牟田市は認知症になっても安心して暮らせるために「徘徊＝ノー」ではなく、「安心して徘徊できるまち」を目指しています。地域みんなで認知症を支え見守る「高齢者に優しい福祉のまち、大牟田」へ、大牟田市のイメージアップに大きく寄与していると考えています。

なお、現実に行方不明事件が発生した場合、警察署では何十人もの署員を動員して発見するまで捜索活動をします。大牟田警察署長からは「このネットワークで一二万人の市民の方が見守り発見していただけるのは大変ありがたい、署としてその分の労力を他の対応事案に傾注できます」と感謝されています。

五、協働のまちづくり推進条例の制定

(一) 条例の類型と制定の時期

平成二二年度に策定した総合計画後期基本計画及び私の三期目の市政公約には、「全市共通のまちづくりについてのルールづくり」条例を、二七年度までに制定する目標を掲げました。

条例の内容に関する類型には、大別してフルセット型と、市民参加・協働型があります。

大牟田市では、先進都市の審議状況などを研究調査するとともに、フルセット型の問題点などを慎重に検討した結果、市民参加・協働型条例を採用することにしました。市民参加・協働型は、市政への市民参加を推進するための必要事項を規定することによって、市民自治によるまちづくりを目的とする条例です。

大牟田市が市民参加・協働型条例を目指した理由として、

一つは、平成二二年度にすでに議会基本条例が制定されていることで、フルセット型条例の構成要件（「議会」）を満たせないことがあります。

二つ目は、「市民の権利」の項で、居住外国人の「参政権」の定義は賛否両論があります。イデオロギー的な議論がなされる場合には、容易に結論を出せずに、審議が進んでいない他

都市の事例もあることを勘案しました。

制定の時期に関しては、まず先に条例をつくり、その定めに基づいて協働のまちづくりを進めるやり方（「鳴かぬなら鳴かせてみせよう時鳥」方式）と、具体的な協働の取り組みを積み重ね、協働の機運が熟した成果を条例に結実させるやり方（「鳴くまで待とう時鳥」方式）があります。

大牟田市では初めから後者のタイミングで条例化する方針を定め、地域コミュニティの形成や市民活動の促進などの具体的な取り組みと実践を着実に進めてきました。

平成一五年の「協働に関する基本方針」以来、市民との協働を積み重ねた集大成として、平成二七年度に「全市共通のまちづくりについてのルールづくり」条例の制定を行うという目標を定め、取り組みました。

(二) 条例のポイント

条例は、前文と八つの章、二三の条文で構成されています。

具体的には、協働のまちづくりの基本理念と基本原則、協働の主体となる市民や市などの役割や市民参加による協働の推進のための仕組みなどについて明らかにするとともに、地域コミュニティの活性化と市民活動の促進による住民主体のまちづくりのルールなどが定められています。

(三) 条例制定に係る市民参加の経過

協働のまちづくりを目的とする条例づくりでは、素案の段階から市民の意見や考え方を条例に反映させることが不可欠との考え方に立って、平成二七年九月定例議会で可決されるまでの一年九か月間、まちづくり基本条例市民検討会、市長と語るまちづくり市民懇談会、まちづくり基本条例策定審議会、パブリックコメントなど様々な市民意見を聞く機会を設けました。

パブリックコメントの意見から市の考え方を次に述べます。

意見①「市民の権利と責任を明らかにする必要があるのではないか」
市の考え：この条例は、いわゆる自治基本条例ではなく、協働のまちづくり推進を目的とした条例であるので、協働の観点から、市民と市などの役割について定めています。

意見②「市外居住者を市民といえるか」
市の考え：市内居住者に限らず、市内に通勤・通学する人を市民に加えることによって、大牟田市に関わりのある幅広い人々が協働の担い手になることができます。幅広い観点から様々な地域課題解決が期待できるので、通勤・通学する人を含め、市民としています。

意見③「市民等とはだれを指すのか。また、市民等に議会は含まれるのか」
市の考え：市民等とは、第二条の用語の定義のとおり、協働のまちづくりの主体となる市民、地域コミュニティ組織、市民活動団体、事業者のことを指しており、議会は含まれません。なお、市民と議会とのあり方については大牟田市議会基本条例で定められています。

意見④「第五条の規定だけで本当に市の役割は果たせるのか」

市の考え：第五条では、協働のまちづくりを推進していく上での役割分担という視点から、市の行財政運営や市民ニーズの把握、市民等との信頼関係の構築等を市の役割として定めています。

なお、このほかにも市職員の意識改革と職務能力の向上も必要となることから、第六条で、職員の育成等を市の役割と定めています。

(四) 市議会で条例議案の可決

平成二七年九月定例議会に「協働のまちづくり推進条例」案を提出しました。

議会では、各会派の代表質問において「条例の目的・趣旨」「校区『まち協』や地域担当職員の位置づけ」「条例制定後の周知啓発方法」などについて論議が行われましたが、結局、特段の異議もなく全会一致で可決されました。

施行は平成二八年四月一日ですが、施行までの間、担当部である市民協働部が中心になって、全校区の「校区まち協」に出向いての説明や意見交換を精力的に行い、周知徹底を図りました。

大牟田市

協働のまちづくり推進条例

平成28年4月1日施行

みんなで力を合わせまちづくりを推進しましょう！

まちづくりの主役は市民の皆さんです！

「協働のまちづくり推進条例」って何？

大牟田市協働のまちづくり推進条例は、市民の皆さんと市との協働のまちづくりを推進するため、協働のまちづくりの理念（あるべき姿）や協働の担い手となる市民と市などの役割、協働のまちづくりを推進するための仕組みなどの基本となるルールを定めたものです。

「協働のまちづくり」って何？

「協働のまちづくり」とは、市民にとって住み良いまちを創り上げるために、市民や地域コミュニティ組織、市民活動団体、事業者、市といった様々なまちづくりの主体が、それぞれに責任と役割を分担しながら、互いの不足するところを補いあって、「自助」、「共助」、「公助」の取組みを進めることです。

地域の様々な課題を解決しようとしても、公的な行政サービスだけで地域の全ての課題を解決することは出来ません。また、市民の皆さんだけでできることも限られてきます。そこで、市民の皆さんや様々なまちづくりの主体が責任と役割を分担し、連携・協力してまちづくりに取り組むことによって、みんなで力を合わせ地域課題の解決を図ることができます。

大牟田市

このように、市民自らの知恵と実践によって条例化が実現したことで、私が市長に就任して以来、継続して取り組んできた「市民との協働のまちづくり」のルールづくりが出来上がったと考えています。

用語解説

第三章

▽草の根

デジタル大辞典によれば、①隠れて見えない草の根元。②民衆の一人ひとり。一般大衆。政党・結社などの指導者層に対していう語。また、「草の根運動」とは、運動を組織する際に、既成の組織や地域有力者や名望家層に頼るのでなく、一人ひとりと向き合いながら少しずつ連帯の輪を広げていこうとするのが、その理念である、とあります。

第四章

▽議会改革度ランキング調査

議会改革度ランキング調査は、議会が果たすべき役割として、次の三つの柱を挙げています。

①情報公開（本会議などでの議事録や交際費・視察結果の公開具合と検証）

②住民参加（傍聴のしやすさ、議会報告会などの実施、住民意見の聴取）

③議会機能強化（議会本来の権能・能力を発揮するための機能強化状況

▽財政再建準用団体

赤字の生じた団体のうち、再建法に基づいて財政の再建（赤字の解消）を行なう団体のことです。前年度決算の赤字比率（実質収支比率÷標準財政規模）が、二〇％以上の市町村は、財政再建団体となって財政再建を行なわなければ公共施設等の整備のための地方債を発行できません。

▽三位一体改革

地方財政の三位一体改革とは、補助金の縮減、国から地方への税源委譲、地方交付税改革を一体で行い、国と地方の税財政関係を抜本的に改革することです。平成一四年に、小泉内閣の「骨太の方針第三弾」が閣議決定されました。

第五章

▽二要因理論（動機づけ・衛生理論）

アメリカの臨床心理学者F・ハーズバーグが提唱した仕事における満足と不満足を引き起こす要因に関する理論。

人間には二種類の欲求があり、苦痛を避けようとする動物的な欲求と、心理的に成長しようとする人間的欲求という別々の欲求があるとし、二要因理論（動機づけ・衛生理論）はこの考え方をもとにしています。

▽バッシング

個人、団体の行為に対する過剰又は根拠のない非難を指します。

▽「業績評価」と「能力評価」

大牟田市の人事評価制度は目標管理の手法を活用して、重点的に取り組んだ業務を目標難易度と目標達成度により評価する「業績評価」と、仕事にどういう姿勢や態度で臨み、どんな思考をして、どういう行動を起こしたかなどを評価の着眼点に照らし評価する「能力評価」の二つの視点から評価を行っています。

▽PDCAサイクルによるマネジメントシステム

ものごとを進めるうえでの計画（plan）、実行（do）、評価（check）、改善（act）のプロセスを順に実施することをPDCAサイクルと呼びます。このプロセスを繰り返すことによって、品質の維持、向上及び継続的な業務改善活動を推進するマネジメント手法です。

第六章

▽地公法五五条一（団体交渉）

「地方公共団体の当局は、登録を受けた職員団体から、職員の給与、勤務時間その他の勤務条件に関し、及びこれに附帯して、社交的又は厚生的活動を含む適法な活動に係る事項に関し、適法な交渉の申入れがあった場合においては、その申入れに応ずべき地位に立つものとする。」

▽空財源

予算編成上「歳入−歳出」がマイナスとなる状況で、不足する財源をいいます。予算操作ともいいます。この場合、翌年度の収入を充当することになり、結局は赤字を翌年に繰り越すことになるので、実質収支の赤字は年度にわたって累積していきます（バブル経済による実質収支が黒字の時期も空財源の形状は続いていていました）。

▽大牟田市のながら条例

「大牟田市職員の職員団体のための行為の制限に関する条例（昭和四一年一一月）」

第一条：この条例は、地方公務員法第五五条の二第六項の規定に基づき、職員が給与を受けながら職員団体のためその業務を行い又は活動することができる場合を定めることを目的とする。

第二条：職員は、次の各号に掲げる場合又は時間に限り、給与を受けながら職員団体のためその業務を行い又は活動することができる。

(1)法第五五条第八項の規定に基づき、適法な交渉を行う場合

(2)休日及び年次有給休暇並びに休職の期間

地公法五五条三では、「地方公共団体の事務の管理及び運営に関する事項は、交渉の対象とすることができない」とされています。

▽電気税訴訟

【大牟田市の主張点】

電気及びガスに対する消費税は、昭和二五年地方税法の全面改正により市町村の独立税となったが、その際、たとえばアルミニュム、石炭等の製造採掘業務に使用する電気に対し非課税とした（地方税法四八九条一項）。

本市市税条例に基づき、前記非課税対象とされる特定企業の電力消費に対し課税すれば、昭和四五年度から四九年度までの課税額総額は二七億九八四五万円になり、国の非課税措置により課税権を奪われたため当然得べかりし税収を失い損害を蒙った。この金額は市税収入の約一七％に相当し、本市財政に致命的な影響を与えており容認できない。特定の企業にだけ非課税をした国の違法な措置によって失った税収を国は補償すべきである、といった趣旨です。

【電気税訴訟の経過】

昭和五〇年四月九日：訴訟の提起（福岡地裁）

昭和五〇年五月二九日～五四年二月八日：第一回～第一六回口頭弁論

昭和五五年六月五日：判決（請求棄却）

電気税訴訟の控訴断念は昭和五六年一月

▽特別権力関係

公務員の勤務関係は、従来、特別権力関係の代表的な例として説明されてきました。それは、本人の同意に基づき公務員関係が成立すれば、法律上の根拠に基づくことなく、特別権力関係に基づいて命令処分することができ、かつ、これらの命令処分に対しては訴訟で争うことが許されない、となっていました。

最高裁も、戦後しばらくは、公務員の勤務関係を特別権力関係として説明していましたが、今日では、国家公務員の勤務関係を「基本的には公法的規律に服する公法上の関係である」（最判昭和四九年七月一九日）としており、特別権力関係から訣別したとみなされています。

▽山猫スト

労働組合の一部の組合員が、中央指導部の承認なしに行うストライキのことをいいます。

▽地公法による身分保障（第二七条）

すべて職員の分限は及び懲戒については、公正でなければならない。

二、職員は、この法律で定める事由による場合でなければ、その意に反して、降任され、若しくは免職されず（略）

▽現業職場の「非公務員化」

現業職員の推移（全国）は、図19のとおり、過去二〇年間で約五五％、過去五年間で約二九％の減となっています。また、昨今でも福岡市、大阪市、北九州市などで現業職場の「非公務員化」が進められています。

第七章

▽市民

あまり完全性を求めない「それなりの市民（グッド・イナフ・シティズン）」（R・A・ダール〈米国〉教授）のことをいいます。同教授は「民主社会では『それなりの市民』がふえていけばよい。こういう市民は、まず機会ごとの、断続的な、さらにパートタイム的市民であればよい」と述べています。

▽地域コミュニティ

地域住民が人と人との信頼関係に根ざした共同体意識を持ち、意思の疎通をとりながら、地域の事柄に取り組んでいる地域社会のことです。

▽「新しい公共」

平成一一年一一月に施行された特定非営利活動促進法（通称ＮＰＯ法）では、公益性の認定を、①法律に列挙された福祉・まちづくり・環境など一二の分野活動を主たる目的としており、②不特定多数の者の利益増進に寄与するものであれば、そして営利を目的としなければ、自動的にこの法律での「公益性がある」とみなされます。これが「新しい公共」（ニュー・パブリック）です。

あとがき

去る七月三一日に行われた東京都知事選挙で、小池百合子氏が政党公認の高名な候補者を圧倒、百万票以上の差をつけて当選したのはおどろきとともに、「草の根選挙」の威力をまざまざと見せつけたできごとでした。「都民ファースト」を旗印にした都政の透明化や行財政改革など、選挙公約に掲げた政策をどのように実現するのか、超マンモス自治体のトップの手腕が注目されます。

私は、三期一二年間に及ぶ大牟田市長の任務を昨年一二月に無事終え、一市民として静かに暮らす生活を送っています。長い間できなかった伴侶との長旅、フィットネスクラブや囲碁会通い、そして内館牧子氏の著書『終わった人』（講談社、平成二七年）を読み、主人公の心情を思い遣るなど、有意義な毎日です。

このような中で、私は放縦《ほうじゆう》な暮らしを避けるために、ラクビーの五郎丸歩選手に倣い、毎日のルーテイン（習慣）化を取り入れています。それは、午前中は早朝のウォーキングのあと、必ず書斎で執筆や読書に時間を充てるなど、規則的な生活を送ることです。このような生活習慣を継続することで、今回、内容はともかく、本書を上梓する運びにもなりました。

私はかねてより、「権腐一〇年」、「功を遂げ、身退《しりぞ》くは、天の道なり」（老子）の格言があるように、権力の座にある者の多選に対して反対の意見を表明してきました。

そこで、三期目の市長職では、まちづくりの集大成とすべく、公約に掲げた政策の実現と、次代を担う人材の育成に当たってきました。政策面では、一期目は痛みを伴う財政再建でしたが、最後は、私のライフワークである三池炭鉱関連資産の世界文化遺産登録や市民協働のまちづくりが進みました。人材の点では、厳しい市政運営の下で私を支えてくれた中尾昌弘副市長が新しい大牟田市長に就任しました。このように、私の市長としての役割が有終のうちに終ることができたのは、ひとえに多くの関係者の皆さんの叱咤激励やご協力のおかげであり、心から感謝申し上げます。


私が歴任した市議会議員を含む二四年間の大牟田市政は、三池炭鉱の閉山をはじめ、財政破綻の危機などさまざまな苦難の歴史を有しています。しかし、現在の大牟田市議会議員や市役所職員は新陳代謝していて、往時のことを知っている人は皆無ですので、私はかねてから、実体験したことを記録として残す必要性を痛感していました。

本書の発刊は、市長としての最後の仕事と思い定め、任期が終わる半年前から公務の合間を縫って取りかかりましたが、結局、刊行まで一年以上に及んでしまいました。

紙面の都合もあって不十分な記述となっている部分が多々あると思いますが、その点はなにとぞご容赦お願いいします。

最後に、本書の執筆や刊行にあたり具体的な作業を通して直接間接にアドバイスをいただきました海鳥社の西俊明会長及び大牟田市の山田元樹（市史編さん室）室長に対して改めてお礼を申し上げます。

平成二八年九月

古賀道雄

古賀道雄（こが・みちお）　昭和 18 年福岡県生まれ、福岡県立伝習館高等学校、早稲田大学第一政治経済学部政治学科を卒業。三井金属鉱業株式会社三池事務所長、調査役を経て、大牟田市議会議員（平成 3 年から 15 年)、大牟田市長（平成 15 年から 27 年)。社会保険労務士会会員、行政書士会会員。著書に『三池炭鉱の閉山と地域再生への挑戦』（私家版）

財政再建《ざいせいさいけん》から市民協働《しみんきょうどう》のまちへ

サラリーマン市長が語る地方自治の実像

■

著者　古賀道雄

■

2016 年 10 月 15 日　第 1 刷発行

■

発行者　杉本雅子

■

発行所　有限会社海鳥社

〒 812-0023　福岡市博多区奈良屋町 13 番 4 号

電話 092（272）0120　FAX 092（272）0121

http://www.kaichosha-f.co.jp

印刷・製本　大村印刷株式株式会社

ISBN978-4-87415-986-6

［定価は表紙カバーに表示］